Das Leben ist schön

Ein literarischer Verführer für ein glückliches Leben

Herausgegeben von
Julia Gommel-Baharov

FISCHER Klassik

MIX
Papier aus verantwortungsvollen Quellen
FSC® C014496

Originalausgabe

Erschienen bei FISCHER Taschenbuch
Frankfurt am Main, Februar 2020

Satz: Fotosatz Amann, Memmingen
Druck und Bindung: GGP Media GmbH, Pößneck
Printed in Germany
ISBN 978-3-596-90722-9

INHALT

Tanze, wenn das Glück dir pfeift.

Glück ist willkommen, vorher wie nachher.

Freundschaft ist des Lebens Salz.

Wo man Liebe sät, da wächst Freude.

O selig, o selig, ein Kind noch zu sein!

Die Natur muss gefühlt werden.

Tanze, wenn das Glück dir pfeift.

CHRISTIAN MORGENSTERN

Glück

Nun bebt in banger Fülle meine Welt,
der Jahre Gärten wollen Früchte tragen.
Und wie auf weichen Wiesenteppich oft
ein goldner Apfel, zart empfangen, rollt,
so rührt den Plan der täglichen Gefühle
ein heimlich reif und süß geworden Lied.

JOHANN WOLFGANG GOETHE

Erinnerung

Willst du immer weiter schweifen?
Sieh, das Gute liegt so nah.
Lerne nur das Glück ergreifen,
Denn das Glück ist immer da.

Glück

Was suchst du?
Warte und wache so laut du kannst.
Wache und horche.
Das Glück, das berauschende, wonnezitternde Glück,
Es kommt nie. Es ist.
Es umarmt dich jäh,
Aus der pochenden Ahnung geboren.

Rosen, starke schwellende Rosen häufen ihren Duft.
Das ist sein Atem.
Und sein Lachen?
Es gibt nur *ein* Lachen.
Und das Lachen heißt »Glück«.

Und seine Augen! O diese Augen,
Die Strahlenblume des Himmels,
Der Sternentau silberner Nächte,
Schrill und melodisch.
Aber so ist es nicht immer.
Es kriegt in sich,
Lustsaugend an der Erinnerung.

Und dann leben die blendenden Träume,
Versteinert, stumpf und hart,
Wie des Mondlichts marmorne Lilien.
Aber nicht lange.

Wühlende Glockenlaute,
Taumelnd, schwelgend,
Von Freude gewiegt,

In Freude schwingend und schäumend
Das ist seine Stimme,
Seine allüberflutende Stimme.

Wird es nie müde?
Müde! Todesmüde.
Aber dann ist es nicht mehr,
Und wird nie mehr sein.

Es flackert noch rot,
Rot, purpurrot,
Aber ohne glühende Kraft,
Nur noch die Farbe von Flammen und Rosen.
Stockend kalt ekelgeronnenes Blut.

So ernst wird es dann,
Und so angstfromm,
Und Weihrauch kriecht ihm zu Füßen.

Tief im Dunkel,
In modernder Einsamkeit
Tasten die blassen welken Gedanken.
Horch! Harfen, ferne, ferne Harfen …
Da breitet die Sehnsucht
Schluchzend die Arme:
O Glück! Glück!
O Glück!

FRIEDRICH SCHILLER

Das Glück

Selig, welchen die Götter, die gnädigen, vor der Geburt schon
Liebten, welchen als Kind Venus im Arme gewiegt,
Welchem Phöbus die Augen, die Lippen Hermes gelöset,
Und das Siegel der Macht Zeus auf die Stirne gedrückt!
Ein erhabenes Los, ein göttliches, ist ihm gefallen,
Schon vor des Kampfes Beginn sind ihm die Schläfe bekränzt.
Ihm ist, eh er es lebte, das volle Leben gerechnet,
Eh er die Mühe bestand, hat er die Charis erlangt.
Groß zwar nenn ich den Mann, der, sein eigner Bildner und Schöpfer,
Durch der Tugend Gewalt selber die Parze bezwingt,
Aber nicht erzwingt er das Glück, und was ihm die Charis
Neidisch geweigert, erringt nimmer der strebende Mut.
Vor Unwürdigem kann dich der Wille, der ernste, bewahren,
Alles Höchste, es kommt frei von den Göttern herab.
Wie die Geliebte dich liebt, so kommen die himmlischen Gaben,
Oben in Jupiters Reich herrscht wie in Amors die Gunst.
Neigungen haben die Götter, sie lieben der grünenden Jugend
Lockige Scheitel, es zieht Freude die Fröhlichen an.
Nicht der Sehende wird von ihrer Erscheinung beseligt,
Ihrer Herrlichkeit Glanz hat nur der Blinde geschaut;
Gern erwählen sie sich der Einfalt kindliche Seele,
In das bescheidne Gefäß schließen sie Göttliches ein.
Ungehofft sind sie da und täuschen die stolze Erwartung,
Keines Bannes Gewalt zwinget die Freien herab.
Wem er geneigt, dem sendet der Vater der Menschen und Götter
Seinen Adler herab, trägt ihn zu himmlischen Höhn,
Unter die Menge greift er mit Eigenwillen, und welches

Haupt ihm gefället, um das flicht er mit liebender Hand
Jetzt den Lorbeer und jetzt die herrschaftgebende Binde;
Krönte doch selber den Gott nur das gewogene Glück.
Vor dem Glücklichen her tritt Phöbus, der pythische Sieger,
Und der die Herzen bezwingt, Amor, der lächelnde Gott.
Vor ihm ebnet Poseidon das Meer, sanft gleitet des Schiffes
Kiel, das den Cäsar führt und sein allmächtiges Glück.
Ihm zu Füßen legt sich der Leu, das brausende Delphin
Steigt aus den Tiefen, und fromm beut es den Rücken ihm an.
Zürne dem Glücklichen nicht, daß den leichten Sieg ihm die Götter
Schenken, daß aus der Schlacht Venus den Liebling entrückt.
Ihn, den die lächelnde rettet, den Göttergeliebten beneid ich,
Jenen nicht, dem sie mit Nacht deckt den verdunkelten Blick.
War er weniger herrlich, Achilles, weil ihm Hephästos
Selbst geschmiedet den Schild und das verderbliche Schwert,
Weil um den sterblichen Mann der große Olymp sich beweget?
Das verherrlichet ihn, daß ihn die Götter geliebt,
Daß sie sein Zürnen geehrt und, Ruhm dem Liebling zu geben,
Hellas' bestes Geschlecht stürzten zum Orkus hinab.
Zürne der Schönheit nicht, daß sie schön ist, daß sie verdienstlos
Wie der Lilie Kelch prangt durch der Venus Geschenk,
Laß sie die Glückliche sein, du schaust sie, du bist der Beglückte,
Wie sie ohne Verdienst glänzt, so entzücket sie dich.
Freue dich, daß die Gabe des Lieds vom Himmel herabkommt,
Daß der Sänger dir singt, was ihn die Muse gelehrt,
Weil der Gott ihn beseelt, so wird er dem Hörer zum Gotte,
Weil er der Glückliche ist, kannst du der Selige sein.
Auf dem geschäftigen Markt, da führe Themis die Wage,
Und es messe der Lohn streng an der Mühe sich ab;
Aber die Freude ruft nur ein Gott auf sterbliche Wangen,
Wo kein Wunder geschieht, ist kein Beglückter zu sehn.
Alles Menschliche muß erst werden und wachsen und reifen,

Und von Gestalt zu Gestalt führt es die bildende Zeit,
Aber das Glückliche siehest du nicht, das Schöne nicht werden,
Fertig von Ewigkeit her steht es vollendet vor dir.
Jede irdische Venus ersteht wie die erste des Himmels,
Eine dunkle Geburt aus dem unendlichen Meer;
Wie die erste Minerva, so tritt mit der Ägis gerüstet
Aus des Donnerers Haupt jeder Gedanke des Lichts.

Aufsatz, den sichern Weg des Glücks zu finden, und ungestört, auch unter den größten Drangsalen des Lebens, ihn zu genießen!

An Rühle

Wir sehen die Großen dieser Erde im Besitze der Güter dieser Welt. Sie leben in Herrlichkeit und Überfluß, die Schätze der Kunst und der Natur scheinen sich um sie und für sie zu versammeln, und darum nennt man sie Günstlinge des Glücks. Aber der Unmut trübt ihre Blicke, der Schmerz bleicht ihre Wangen, der Kummer spricht aus allen ihren Zügen.

Dagegen sehen wir einen armen Tagelöhner, der im Schweiße seines Angesichts sein Brot erwirbt; Mangel und Armut umgeben ihn, sein ganzes Leben scheint ein ewiges Sorgen und Schaffen und Darben. Aber die Zufriedenheit blickt aus seinen Augen, die Freude lächelt auf seinem Antlitz, Frohsinn und Vergessenheit umschweben die ganze Gestalt.

Was die Menschen also Glück und Unglück nennen, das sehn Sie wohl, mein Freund, ist es *nicht immer*; denn bei allen Begünstigungen des äußern Glückes haben wir Tränen in den Augen des erstern, und bei allen Vernachlässigungen desselben, ein Lächeln auf dem Antlitz des andern gesehen.

Wenn also die Regel des Glückes sich nur so unsicher auf äußere Dinge gründet, wo wird es sich denn sicher und unwandelbar gründen? Ich glaube da, mein Freund, wo es auch nur einzig genossen und entbehrt wird, im *Innern*.

Irgendwo in der Schöpfung muß es sich gründen, der Inbegriff *aller* Dinge *muß* die Ursachen und die Bestandteile des Glückes enthalten, mein Freund, denn die Gottheit wird die Sehnsucht nach Glück nicht täuschen, die sie selbst unauslöschlich in unsrer Seele erweckt hat, wird die Hoffnung nicht betrügen, durch welche sie unverkennbar auf ein für uns mögliches Glück hindeutet. Denn glücklich zu sein, das ist ja der erste aller unsrer Wünsche, der laut und lebendig aus jeder Ader und jeder Nerve unsers Wesens spricht, der uns durch den ganzen Lauf unsers Lebens begleitet, der schon dunkel in dem ersten kindischen Gedanken unsrer Seele lag und den wir endlich als Greise mit in die Gruft nehmen werden. Und wo, mein Freund, kann dieser Wunsch erfüllt werden, wo kann das Glück besser sich gründen, als da, wo auch die Werkzeuge seines Genusses, unsre Sinne liegen, wohin die ganze Schöpfung sich bezieht, wo die Welt mit ihren unermeßlichen Reizungen im kleinen sich wiederholt?

Da ist es ja auch allein nur unser Eigentum, es hangt von keinen äußeren Verhältnissen ab, kein Tyrann kann es uns rauben, kein Bösewicht kann es stören, wir tragen es mit in alle Weltteile umher.

Wenn das Glück nur allein von äußeren Umständen, wenn es also vom Zufall abhinge, mein Freund, und wenn Sie mir auch davon tausend Beispiele aufführten; was mit der Güte und Weisheit Gottes streitet, kann nicht wahr sein. Der Gottheit liegen die Menschen alle gleich nahe am Herzen, nur der bei weiten kleinste Teil ist indes der vom Schicksal begünstigte, für den größten wären also die Genüsse des Glücks auf immer verloren. Nein, mein Freund, so ungerecht kann Gott nicht sein, es muß ein Glück geben, das sich von den äußeren Umständen trennen läßt, alle Menschen haben ja gleiche Ansprüche darauf, für alle muß es also in gleichem Grade möglich sein.

Lassen Sie uns also das Glück nicht an äußere Umstände knüpfen, wo es immer nur wandelbar sein würde, wie die Stütze, auf welcher es ruht; lassen Sie es uns lieber als Belohnung und Ermunterung an die Tugend knüpfen, dann erscheint es in schönerer Gestalt und auf sicherem Boden. Diese Vorstellung scheint Ihnen in einzelnen Fällen und unter gewissen Umständen wahr, mein Freund, *sie ist es in allen*, und es freut mich in voraus, daß ich Sie davon überzeugen werde.

Wenn ich Ihnen so das Glück als Belohnung der Tugend aufstelle, so erscheint zunächst freilich das erste als Zweck und das andere nur als Mittel. Dabei fühle ich, daß in diesem Sinne die Tugend auch nicht in ihrem höchsten und erhabensten Beruf erscheint, ohne darum angeben zu können, wie dieses Verhältnis zu ändern sei. Es ist möglich, daß es das Eigentum einiger wenigen schönern Seelen ist, die Tugend allein um der Tugend selbst willen zu lieben und zu üben. Aber mein Herz sagt mir, daß die Erwartung und Hoffnung auf ein menschliches Glück, und die Aussicht auf tugendhafte, wenn freilich nicht mehr ganz so reine Freuden, dennoch nicht strafbar und verbrecherisch sei. Wenn ein Eigennutz dabei zum Grunde liegt, so ist es der edelste der sich denken läßt, denn es ist der Eigennutz der Tugend selbst.

Und dann, mein Freund, dienen und unterstützen sich doch diese beiden Gottheiten so wechselseitig, das Glück als Aufmunterung zur Tugend, die Tugend als Weg zum Glück, daß es dem Menschen wohl erlaubt sein kann, sie nebeneinander und ineinander zu denken. Es ist kein beßrer Sporn zur Tugend möglich, als die Aussicht auf ein nahes Glück, und kein schönerer und edlerer Weg zum Glücke denkbar, als der Weg der Tugend.

Aber, mein Freund, er ist nicht allein der schönste und edelste, – wir vergessen ja, was wir erweisen wollten, daß er der einzige ist. Scheuen Sie sich also um so weniger die Tugend dafür zu halten, was sie ist, für die Führerin der Menschen auf dem Wege zum Glück. Ja mein Freund, *die Tugend macht nur allein glücklich*. Das was die Toren Glück nennen, ist kein Glück, es betäubt ihnen nur die Sehnsucht nach wahrem Glücke, es lehrt sie eigentlich nur ihres Unglücks vergessen. Folgen Sie dem Reichen und Geehrten nur in sein Kämmerlein, wenn er Orden und Band an sein Bette hängt und sich einmal als Mensch erblickt. Folgen Sie ihm nur in die Einsamkeit; das ist der Prüfstein des Glückes. Da werden Sie Tränen über bleiche Wangen rollen sehen, da werden Sie Seufzer sich aus der bewegten Brust emporheben hören. Nein, nein, mein Freund, die Tugend, und einzig allein nur die Tugend ist die Mutter des Glücks, und *der Beste ist der Glücklichste.*

Sie hören mich so viel und so lebhaft von der Tugend sprechen, und doch weiß ich, daß Sie mit diesem Worte nur einen dunkeln Sinn verknüpfen; Lieber, es geht mir wie Ihnen, wenn ich gleich so viel davon rede. Es erscheint mir nur wie ein Hohes, Erhabenes, Unnennbares, für das ich vergebens ein Wort suche, um es durch die Sprache, vergebens eine Gestalt, um es durch ein Bild auszudrücken. Und dennoch strebe ich ihm mit der innigsten Innigkeit entgegen, als stünde es klar und deutlich vor meiner Seele. Alles was ich davon weiß, ist, daß es die unvollkommnen Vorstellungen, deren ich jetzt nur fähig bin, gewiß auch enthalten wird; aber ich ahnde noch mehr, noch etwas Höheres, noch etwas Erhabeneres, und das ist recht eigentlich, was ich nicht ausdrücken und formen kann.

Mich tröstet indes die Rückerinnerung dessen, um wieviel noch dunkler, noch verworrener, als jetzt, in früheren Zeiten der Begriff der Tugend in meiner Seele lag, und wie nach und nach, seitdem ich denke, und an meiner Bildung arbeite, auch das Bild der Tugend für mich an Gestalt und Bildung gewonnen hat; daher hoffe und glaube ich, daß so wie es sich in meiner Seele nach und nach mehr aufklärt, auch dieses Bild sich in immer deutlicheren Umrissen mir darstellen, und je mehr es an Wahrheit gewinnt, meine Kräfte stärken und meinen Willen begeistern wird.

Wenn ich Ihnen mit einigen Zügen die undeutliche Vorstellung bezeichnen soll, die mich als Ideal der Tugend im Bilde eines Weisen umschwebt, so würde ich nur die Eigenschaften, die ich hin und wieder bei einzelnen Menschen zerstreut finde und deren Anblick mich besonders rührt, z. B. Edelmut, Menschenliebe, Standhaftigkeit, Bescheidenheit, Genügsamkeit etc. zusammentragen können; aber, Lieber, ein Gemälde würde das immer nicht werden, ein Rätsel würde es Ihnen, wie mir, bleiben, dem immer das bedeutungsvolle Wort der Auflösung fehlt. Aber, es sei mit diesen wenigen Zügen genug, ich getraue mich, schon jetzt zu behaupten, daß wenn wir, bei der möglichst vollkommnen Ausbildung aller unser geistigen Kräfte, auch diese benannten Eigenschaften einst fest in unser Innerstes gründen, ich sage, wenn wir bei der Bildung unsers Urteils, bei der Erhöhung unseres Scharfsinns durch Erfahrungen und Studien aller Art, mit der Zeit die Grundsätze des Edelmuts, der Gerechtigkeit, der Menschenliebe, der Standhaftigkeit, der Bescheidenheit, der Duldung, der Mäßigkeit, der Genügsamkeit usw. unerschütterlich und unauslöschlich in unsern Herzen verflochten, unter diesen Umständen behaupte ich, daß wir nie unglücklich sein werden.

Ich nenne nämlich Glück nur die vollen und überschwenglichen Genüsse, die – um es mit einem Zuge Ihnen darzustellen – in dem erfreulichen Anschaun der moralischen Schönheit unseres eigenen Wesens liegen. Diese Genüsse, die Zufriedenheit unsrer selbst, das Bewußtsein guter Handlungen, das Gefühl unsrer durch alle Augenblicke unsers Lebens vielleicht gegen tausend Anfechtungen und Verführungen standhaft behaupteten Würde, sind fähig, unter allen äußern Umständen des Lebens, selbst unter den scheinbar traurigsten, ein sicheres tiefgefühltes und unzerstörbares Glück zu gründen.

Ich weiß es, Sie halten diese Art zu denken für ein künstliches, aber wohl glückliches Hülfsmittel, sich die trüben Wolken des Schicksals hinweg zu philosophieren, und mitten unter Sturm und Donner sich Sonnenschein zu erträumen. Das ist nun freilich doppelt übel, daß Sie so schlecht von dieser himmlischen Kraft der Seele denken, einmal, weil Sie unendlich viel dadurch entbehren, und zweitens, weil es schwer, ja unmöglich ist, Sie besser davon denken zu machen. Aber ich wünsche zu Ihrem Glücke und hoffe, daß die Zeit und Ihr Herz Ihnen die Empfindung dessen, ganz so wahr und innig schenken möge, wie sie mich in dem Augenblick jener Äußerung belebte.

Die höchste nützlichste Wirkung, die Sie dieser Denkungsart, oder vielmehr (denn das ist sie eigentlich) Empfindungsweise, zuschreiben, ist, daß sie vielleicht dazu diene, den Menschen unter der Last niederdrückender Schicksale vor der Verzweiflung zu sichern; und Sie glauben, daß wenn auch wirklich Vernunft und Herz einen Menschen dahin bringen könnte, daß er selbst unter äußerlich unvorteilhaften Umständen sich glücklich fühlte, er doch immer in äußerlich vorteilhaften Verhältnissen glücklicher sein müßte.

Dagegen, mein Freund, kann ich nichts anführen, weil es ein vergeblicher mißverstandner Streit sein würde. Das Glück, wovon ich sprach, hangt von keinen äußeren Umständen ab, es begleitet den, der es besitzt, mit gleicher Stärke in alle Verhältnisse seines Lebens, und die Gelegenheit, es in Genüssen zu entwickeln, findet sich in Kerkern so gut, wie auf Thronen.

Ja, mein Freund, selbst in Ketten und Banden, in die Nacht des finstersten Kerkers gewiesen, – glauben und fühlen Sie nicht, daß es auch da überschwenglich entzückende Gefühle für den tugendhaften Weisen gibt? Ach es liegt in der Tugend eine geheime göttliche Kraft, die den Menschen über sein Schicksal erhebt, in ihren Tränen reifen höhere Freuden, in ihrem Kummer selbst liegt ein neues Glück. Sie ist der Sonne gleich, die nie so göttlich schön den Horizont mit Flammenröte malt, als wenn die Nächte des Ungewitters sie umlagern.

Ach, mein Freund, ich suche und spähe umher nach Worten und Bildern, um Sie von dieser herrlichen beglückenden Wahrheit zu überzeugen. Lassen Sie uns bei dem Bilde des unschuldig Gefesselten verweilen, – oder besser noch, blicken Sie einmal zweitausend Jahre in die Vergangenheit zurück, auf jenen besten und edelsten der Menschen, der den Tod am Kreuze für die Menschheit starb, auf Christus. Er schlummerte unter seinen Mördern, er reichte seine Hände freiwillig zum Binden dar, die teuern Hände, deren Geschäft nur Wohl tun war, er fühlte sich ja doch frei, mehr als die Unmenschen, die ihn fesselten, seine Seele war so voll des Trostes, daß er dessen noch seinen Freunden mitteilen konnte, er vergab sterbend seinen Feinden, er lächelte liebreich seine Henker an, er sah dem furchtbar schrecklichen Tode ruhig und freudig entgegen, – ach die Unschuld wandelt ja heiter über sinkende Welten. In seiner Brust muß ein ganzer Himmel von Empfindungen gewohnet haben, denn »Unrecht leiden schmeichelt große Seelen«.

Ich bin nun erschöpft, mein Freund, und was ich auch sagen könnte, würde matt und kraftlos neben diesem Bilde stehen. Daher will ich nun, mein lieber Freund, glauben Sie überzeugt zu haben, daß die Tugend den Tugendhaften selbst im Unglück glücklich macht; und wenn ich über diesen Gegenstand noch etwas sagen soll, so wollen wir einmal jenes äußere Glück mit der Fackel der Wahrheit beleuchten, für dessen Reibungen Sie einen so lebhaften Sinn zu haben scheinen.

Nach dem Bilde des wahren innern Glückes zu urteilen, dessen Anblick uns soeben so lebhaft entzückt hat: verdient nun wohl Reichtum, Güter, Würden, und alle die zerbrechlichen Geschenke des Zufalls, den Namen *Glück*? So arm an Nüancen ist doch unsre deutsche Sprache nicht, vielmehr finde ich leicht ein paar Wörter, die das, was diese Güter bewirken, sehr passend und richtig ausdrücken, Vergnügen und Wohlbehagen. Um diese sehr angenehmen Genüsse sind Fortunens Günstlinge freilich reicher als ihre Stiefkinder, obgleich ihre vorzüglichsten Bestandteile in der Neuheit und Abwechselung liegen, und daher der Arme und Verlaßne auch nicht ganz davon ausgeschlossen ist.

Ja ich bin sogar geneigt zu glauben, daß in dieser Rücksicht für ihn ein Vorteil über den Reichen und Geehrten möglich ist, indem dieser bei der zu häufigen Abwechselung leicht den Sinn zu genießen abstumpft oder wohl gar mit der Abwechselung endlich ans Ende kommt und dann auf Leeren und Lücken stößt, indes der andere mit mäßigen Genüssen haushält, selten, aber desto inniger den Reiz der Neuheit schmeckt, und mit seinen Abwechselungen nie ans Ende kommt, weil selbst in ihnen eine gewisse Einförmigkeit liegt.

Aber es sei, die Großen dieser Erde mögen den Vorzug vor die Geringen haben, zu schwelgen und zu prassen, alle Güter der Welt mögen sich ihren nach Vergnügen lechzenden Sinnen darbieten, und sie mögen ihrer vorzugsweise genießen; nur, mein Freund, das Vorrecht glücklich zu sein, wollen wir ihnen nicht einräumen, mit Gold sollen sie den Kummer, wenn sie ihn verdienen, nicht aufwiegen können. Da waltet ein großes unerbittliches Gesetz über die ganze Menschheit, dem der Fürst wie der Bettler unterworfen ist. Der Tugend folgt die Belohnung, dem Laster die Strafe. Kein Gold besticht ein empörtes Gewissen, und wenn der lasterhafte Fürst auch alle Blicke und Mienen und Reden besticht, wenn er auch alle Künste des Leichtsinns herbeiruft, wie Medea alle Wohlgerüche Arabiens, um den häßlichen Mordgeruch von ihren Händen zu vertreiben – und wenn er auch Mahoms Paradies um sich versammelte, um sich zu zerstreun oder zu betäuben – umsonst! Ihn quält und ängstigt sein Gewissen, wie den Geringsten seiner Untertanen.

Gegen dieses größte der Übel wollen wir uns schützen, mein Freund, dadurch schützen wir uns zugleich vor allen übrigen, und wenn wir bei der Sinnlichkeit unsrer Jugend uns nicht entbrechen können, neben den Genüssen des ersten und höchsten innern Glücks, uns auch die Genüsse des äußern zu wünschen, so lassen Sie uns wenigstens so bescheiden und begnügsam in diesen Wünschen sein, wie es Schülern für die Weisheit ansteht.

Und nun, mein Freund, will ich Ihnen eine Lehre geben, von deren Wahrheit mein Geist zwar überzeugt ist, obgleich mein Herz ihr unaufhörlich widerspricht. Diese Lehre ist, von den Wegen die zwischen dem höchsten äußern Glück und Unglück liegen, grade nur auf der Mittelstraße zu wandern, und unsre Wünsche nie auf die schwindlichen Höhen zu richten. Sosehr ich jetzt noch die Mittelstraßen aller Art hasse, weil ein natürlich heftiger Trieb im Innern mich verführt, so ahnde ich dennoch, daß Zeit und Erfahrung mich einst davon überzeugen werden, daß sie dennoch die besten seien. Eine besonders wichtige Ursache uns nur ein mäßiges äußeres Glück zu wünschen, ist, daß dieses sich wirklich am häufigsten in der Welt findet, und wir daher am wenigsten fürchten dürfen getäuscht zu werden.

Wie wenig beglückend der Standpunkt auf großen außerordentlichen Höhen ist, habe ich recht innig auf dem *Brocken* empfunden. Lächeln Sie nicht, mein Freund, es waltet ein gleiches Gesetz über die moralische wie über die physische Welt. Die Temperatur auf der Höhe des Thrones ist so rauh, so empfindlich und der Natur des Menschen so wenig angemessen, wie der Gipfel des Blocksbergs, und die Aussicht von dem einen so wenig beglückend wie von dem andern, weil der Standpunkt auf beidem zu hoch, und das Schöne und Reizende um beides zu tief liegt.

Mit weit mehrerem Vergnügen gedenke ich dagegen der Aussicht auf der mittleren und mäßigen Höhe des Regensteins, wo kein trüber Schleier die Landschaft verdeckte, und der schöne Teppich im ganzen, wie das unendlich Mannigfaltige desselben im einzelnen klar vor meinen Augen lag. Die Luft war mäßig, nicht warm und nicht kalt, grade so wie sie nötig ist, um frei und leicht zu atmen. Ich werde Ihnen doch die bildliche Vorstellung Homers aufschreiben, die er sich von Glück und Unglück machte, ob ich Ihnen gleich schon einmal davon erzählt habe.

Im Vorhofe des Olymp, erzählt er, stünden zwei große Behältnisse, das eine mit Genuß, das andere mit Entbehrung gefüllt. Wem die Götter, so spricht *Homer*, aus beiden Fässern mit gleichem Maße messen, der ist der Glücklichste; wem sie ungleich messen, der ist unglücklich, doch am unglücklichsten der, dem sie nur allein aus einem Fasse zumessen.

Also *entbehren und genießen*, das wäre die Regel des äußeren Glücks, und der Weg, gleich weit entfernt von Reichtum und Armut, von Überfluß und Mangel, von Schimmer und Dunkelheit, die beglückende Mittelstraße, die wir wandern wollen.

Jetzt freilich wanken wir noch auf regellosen Bahnen umher, aber, mein Freund, das ist uns als Jünglinge zu verzeihen. Die innere Gärung ineinander wirkender Kräfte, die uns in diesem Alter erfüllt, läßt keine Ruhe im Denken und Handeln zu. Wir kennen die Beschwörungsformel noch nicht, die Zeit allein führt sie mit sich, um die wunderbar ungleichartigen Gestalten, die in unserm Innern wühlen und durcheinandertreiben, zu besänftigen und zu beruhigen. Und alle Jünglinge, die wir um und neben uns sehen, teilen ja mit uns dieses Schicksal. Alle ihre Schritte und Bewegungen scheinen nur die Wirkung eines unfühlbaren aber gewaltigen Stoßes zu sein, der sie unwiderstehlich mit sich fortreißt. Sie erscheinen mir wie Kometen, die in regellosen Kreisen das Weltall durchschweifen, bis sie endlich eine Bahn und ein Gesetz der Bewegung finden.

Bis dahin, mein Freund, wollen wir uns also aufs Warten und Hoffen legen, und nur wenigstens uns das zu erhalten streben, was schon jetzt in unsrer Seele Gutes und Schönes liegt. Besonders und aus mehr als dieser Rücksicht wird es gut für uns, und besonders für Sie sein, wenn wir die Hoffnung zu unsrer Göttin wählen, weil es scheint als ob uns der Genuß flieht.

Denn eine von beiden Göttinnen, Lieber, lächelt dem Menschen doch immer zu, dem Frohen der Genuß, dem Traurigen die Hoffnung. Auch scheint es, als ob die Summe der glücklichen und der unglücklichen Zufälle im ganzen für jeden Menschen gleich bleibe; wer denkt bei dieser Betrachtung nicht an jenen Tyrann von Syrakus, *Polykrates*, den das Glück bei allen seinen Bewegungen begleitete, den nie ein Wunsch, nie eine Hoffnung betrog, dem der Zufall sogar den Ring wiedergab, den er, um dem Unglück ein freiwilliges Opfer zu bringen, ins Meer geworfen hatte. So hatte die Schale seines Glücks sich tief gesenkt; aber das Schicksal setzte es dafür auch mit einem Schlage wieder ins Gleichgewicht und ließ ihn am Galgen sterben. – Oft verpraßt indes ein Jüngling in ein paar Jugendjahren den Glücksvorrat seines ganzen Lebens, und darbt dann im Alter; und da Ihre Jugendjahre, mehr noch als die meinigen, so freudenleer verflossen sind, ob Sie gleich eine tiefgefühlte Sehnsucht nach Freude in sich tragen, so nähren und stärken Sie die Hoffnung auf schönere Zeiten, denn ich getraue mich, mit einiger, ja mit großer Gewißheit Ihnen eine frohe und freudenreiche Zukunft vorher zu kündigen. Denken Sie nur, mein Freund, an unsre schönen und herrlichen Pläne, an unsre Reisen. Wie vielen

Genuß bieten sie uns dar, selbst den reichsten in den scheinbar ungünstigsten Zufällen, wenigstens doch nach ihnen, durch die Erinnerung. Oder blicken Sie über die Vollendung unsrer Reisen hin, und sehen Sie sich an, den an Kenntnissen bereicherten, an Herz und Geist durch Erfahrung und Tätigkeit gebildeten Mann. Denn Bildung muß der Zweck unsrer Reise sein und wir müssen ihn erreichen, oder der Entwurf ist so unsinnig wie die Ausführung ungeschickt.

Dann, mein Freund, wird die Erde unser Vaterland, und alle Menschen unsre Landsleute sein. Wir werden uns stellen und wenden können wohin wir wollen, und immer glücklich sein. Ja wir werden unser Glück zum Teil in der Gründung des Glücks anderer finden, und andere bilden, wie wir bisher selbst gebildet worden sind.

Wie viele Freuden gewährt nicht schon allein die wahre und richtige Wertschätzung der Dinge. Wie oft gründet sich das Unglück eines Menschen bloß darin, daß er den Dingen unmögliche Wirkungen zuschrieb, oder aus Verhältnissen falsche Resultate zog, und sich darinnen in seinen Erwartungen betrog. Wir werden uns seltner irren, mein Freund, wir durchschauen dann die Geheimnisse der physischen wie der moralischen Welt, bis dahin, versteht sich, wo der ewige Schleier über sie waltet, und was wir bei dem Scharfblick unsres Geistes von der Natur erwarten, das leistet sie gewiß. Ja es ist im richtigen Sinne sogar möglich, das Schicksal selbst zu leiten, und wenn uns dann auch das große allgewaltige Rad einmal mit sich fortreißt, so verlieren wir doch nie das Gefühl unsrer selbst, nie das Bewußtsein unseres Wertes.

Selbst auf diesem Wege kann der Weise, wie jener Dichter sagt, *Honig aus jeder Blume saugen*. Er kennt den großen Kreislauf der Dinge, und freut sich daher der Vernichtung wie dem Segen, weil er weiß, daß in ihr wieder der Keim zu neuen und schöneren Bildungen liegt.

FRIEDRICH NIETZSCHE

An der Brücke stand
jüngst ich in brauner Nacht.
Fernher kam Gesang:
goldener Tropfen quoll's
über die zitternde Fläche weg.
Gondeln, Lichter, Musik –
trunken schwamm's in die Dämmrung hinaus …

Meine Seele, ein Saitenspiel,
sang sich, unsichtbar berührt,
heimlich ein Gondellied dazu,
zitternd vor bunter Seligkeit.
– Hörte Jemand ihr zu? …

JOHANN GOTTFRIED HERDER

Ein Traum, ein Traum ist unser Leben
    Auf Erden hier.
Wie Schatten auf den Wogen schweben
    Und schwinden wir.
Und messen unsere trägen Schritte
    Nach Raum und Zeit;
Und sind (und wissens nicht) in Mitte
    Der Ewigkeit.

WILHELM RAABE

Das große offene Weltgeheimnis lag in seiner ganzen Schönheit und Herrlichkeit vor ihm im Lichte des eben gegenwärtigen Tages, und – er freute sich, daß *er mit in der Welt* war und zu dem Wunder mit gehörte.

Glück ist willkommen, vorher wie nachher.

THEODOR FONTANE

Es kann die Ehre dieser Welt
Dir keine Ehre geben,
Was dich in Wahrheit hebt und hält,
Muß in dir selber leben.

Wenn's deinem Innersten gebricht
An echten Stolzes Stütze,
Ob dann die Welt dir Beifall spricht,
Ist all dir wenig nütze.

Das flücht'ge Lob, des Tages Ruhm
Magst du dem Eitlen gönnen;
Das aber sei dein Heiligtum:
Vor *dir* bestehen können.

GOTTFRIED KELLER

Der Schmied seines Glückes

John Kabys, ein artiger Mann von bald vierzig Jahren, führte den Spruch im Munde, daß jeder der Schmied seines eigenen Glückes sein müsse, solle und könne, und zwar ohne viel Gezappel und Geschrei.

Ruhig, mit nur wenigen Meisterschlägen schmiede der rechte Mann sein Glück! war seine öftere Rede, womit er nicht etwa die Erreichung bloß des Notwendigen, sondern überhaupt alles Wünschenswerten und Überflüssigen verstand.

So hatte er denn als zarter Jüngling schon den ersten seiner Meisterstreiche geführt und seinen Taufnamen Johannes in das englische John umgewandelt, um sich von vornherein für das Ungewöhnliche und Glückhafte zuzubereiten, da er dadurch von allen übrigen Hansen abstach und überdies einen angelsächsisch unternehmenden Nimbus erhielt.

Darauf verharrte er einige Jährchen ruhig, ohne viel zu lernen oder zu arbeiten, aber auch ohne über die Schnur zu hauen, sondern klug abwartend.

Als jedoch das Glück auf den ausgeworfenen Köder nicht anbeißen wollte, tat er den zweiten Meisterschlag und verwandelte das i in seinem Familiennamen Kabis in ein y. Dadurch erhielt dies Wort (anderwärts auch Kapes), welches Weißkohl bedeutet, einen edlern und fremdartigern Anhauch, und John Kabys erwartete nun mit mehr Berechtigung, wie er glaubte, das Glück.

Allein es vergingen abermals mehrere Jahre, ohne daß selbiges sich einstellen wollte, und schon näherte er sich dem einunddreißigsten, als er sein nicht bedeutendes Erbe mit aller Mäßigung und Einteilung endlich doch aufgezehrt hatte. Jetzt begann er aber sich ernstlich zu regen und sann auf ein Unternehmen, das nicht für den Spaß sein sollte. Schon oft hatte er viele Seldwyler um ihre stattlichen Firmen beneidet, welche durch Hinzufügen des Frauennamens entstanden. Diese Sitte war einst plötzlich aufgekommen, man wußte nicht wie und woher; aber genug, sie schien den Herren vortrefflich zu den roten Plüschwesten zu passen, und auf einmal erklang das ganze Städtchen an allen Ecken von pompösen Doppelnamen. Große und kleine Firmatafeln, Haustüren, Glockenzüge, Kaffeetassen und Teelöffel waren damit beschrieben, und das Wochenblatt strotzte eine Zeitlang von Anzeigen und Erklärungen, deren einziger Zweck das Anbringen der Alliance-Unterschrift war. Insbesondere gehörte es zu den ersten Freuden der Neuverheirateten, alsobald irgendein Inserat von Stapel laufen zu lassen. Dabei gab es auch mancherlei Neid und Ärgernis; denn wenn etwa ein schwärzlicher Schuster oder sonst für gering Geachteter durch Führung solchen Doppelnamens an der allgemeinen Respektabilität teilnehmen wollte, so wurde ihm das mit Naserümpfen übel vermerkt, obgleich er im legitimsten Besitze der anderen Ehehälfte war. Immerhin war es nicht ganz gleichgültig, ob ein oder mehrere Unbefugte durch dieses Mittel in das allgemeine vergnügte Kreditwesen eindrangen, da erfahrungsgemäß die geschlechterhafte Namensverlängerung zu den wirksameren, doch zartesten Maschinenteilchen jenes Kreditwesens gehörte.

Für John Kabys aber konnte der Erfolg einer solchen Hauptveränderung nicht zweifelhaft sein. Die Not war jetzt gerade groß genug, um diesen lang aufgesparten Meisterstreich zur rechten Stunde zu führen, wie es einem alten Schmied seines Glückes geziemt, der da nicht in den Tag hinein hämmert, und John sah demgemäß nach einer Frau aus, still, aber entschlossen. Und siehe! schon der Entschluß schien das Glück endlich heraufzubeschwören; denn noch in derselben Woche langte an, wohnte in Seldwyla mit einer mannbaren Tochter eine ältere Dame und nannte sich Frau Oliva, die Tochter Fräulein Oliva. Kabys-Oliva! klang es sogleich in Johns Ohren und widerhallte es in seinem Gemüte! Mit einer solchen Firma ein bescheidenes Geschäft begründet, mußte in wenig Jahren ein großes Haus daraus werden. So machte er sich denn weislich an die Sache, ausgerüstet mit allen seinen Attributen.

Diese bestanden in einer vergoldeten Brille, in drei emaillierten Hemdeknöpfen, durch goldene Kettchen unter sich verbunden, in einer langen goldenen Uhrkette, welche eine geblümte Weste überkreuzte, mit allerlei Anhängseln, in einer gewaltigen Busennadel, welche als Miniaturgemälde eine Darstellung der Schlacht von Waterloo enthielt, ferner in drei oder vier großen Ringen, einem großen Rohrstock, dessen Knopf ein kleiner Operngucker bildete in Gestalt eines Perlmutterfäßchens. In den Taschen trug, zog hervor und legte er vor sich hin, wenn er sich setzte ein großes Futteral aus Leder, in welchem eine Zigarrenspitze ruhte, aus Meerschaum geschnitzt, darstellend den aufs Pferd gebundenen Mazeppa; diese Gruppe ragte ihm, wenn er rauchte, bis zwischen die Augbrauen hinauf und war ein Kabinettsstück; ferner eine rote Zigarrentasche mit vergoldetem Schloß, in welcher schöne Zigarren lagen mit kirschrot und weiß getigertem Deckblatt, ein abenteuerlich elegantes Feuerzeug, eine silberne Tabaksdose und eine gestickte Schreibtafel. Auch führte er das komplizierteste und zierlichste aller Geldtäschchen mit unendlich geheimnisvollen Abteilungen.

Diese sämtliche Ausrüstung war ihm die Idealausstattung eines Mannes im Glücke; er hatte dieselbe, als kühn entworfenen Lebensrahmen, im voraus angeschafft, als er noch an seinem kleinen Vermögen geknabbert, aber nicht ohne einen tiefern Sinn. Denn solche Anhäufung war jetzt nicht sowohl das Behänge eines geschmacklosen eitlen Mannes als vielmehr eine Schule der Übung, der Ausdauer und des Trostes zur Zeit des Unsterns sowie eine würdige Bereithaltung für das endlich einkehrende Glück, welches ja kommen konnte wie ein Dieb in der Nacht. Lieber wäre er verhungert, als daß er das geringste seiner Zierstücke veräußert oder versetzt hätte; so konnte er weder vor der Welt noch vor sich selbst für einen Bettler gelten und lernte das Äußerste erdulden, ohne an Glanz einzubüßen. Ebenso war, um nichts zu verlieren, zu verderben, zu zerbrechen oder in Unordnung zu bringen, eine fortwährend ruhige und würdevolle Haltung geboten. Kein Räuschchen und keine andere Aufregung durfte er sich gestatten, und wirklich besaß er seinen Mazeppa schon seit zehn Jahren, ohne daß an dem Pferde ein Ohr oder der fliegende Schweif abgebrochen wäre, und die Häkchen und Ringelchen an seinen Etuis und Necessaires schlossen noch so gut als am Tage ihrer Schöpfung. Auch mußte er zu all dem Schmucke Rock und Hut säuberlich schonen, sowie er auch stets ein blankes Vorhemdchen zu besitzen wußte, um seine Knöpfe, Kettchen und Nadeln auf weißem Grunde zu zeigen.

Freilich lag eigentlich mehr Mühe darin, als er in seinem Spruche von den wenigen Meisterschlägen zugestehen wollte; allein man hat ja immer die Werke des Genies fälschlich für mühelos ausgegeben.

Wenn nur die beiden Frauenzimmer das Glück waren, so ließ es sich nicht ungern in dem ausgespannten Netze des Meisters fangen, ja er schien ihnen mit seiner Ordentlichkeit und seinen vielen Kleinodien gerade der Mann zu sein, den zu suchen sie ins Land gekommen waren. Sein geregelter Müßiggang deutete auf einen behaglichen und sichern Zinsleinpicker oder Rentier, der seine Werttitel gewiß in einem artigen Kästchen aufbewahrte. Sie sprachen einiges von ihrem eigenen wohlbestellten Wesen; als sie aber merkten, daß Herr Kabys nicht viel Gewicht darauf zu legen schien, hielten sie klüglich inne und ihre Persönlichkeit für das, was diesen guten Mann allein anziehe. Kurz, in wenig Wochen war er mit dem Fräulein Oliva verlobt, und gleichzeitig reiste er nach der Hauptstadt, um eine reichverzierte Adreßkarte mit dem herrlichen Doppelnamen stechen zu lassen, anderseits ein prächtiges Firmaschild zu bestellen und einige Handelsverbindungen mit Kredit für ein Geschäft mit Ellenwaren zu eröffnen. Im Übermut kaufte er gleich noch zwei oder drei Ellenstäbe von poliertem Pflaumenholz, einige Dutzend Wechselformulare mit vielen merkurialischen Emblemen, Preiszettel und kleine Papierchen mit goldenem Rande zum Aufkleben, Handlungsbücher und derartiges mehr.

Vergnügt eilte er wieder in seine Heimatstadt und zu seiner Braut, deren einziger Fehler ein etwas unverhältnismäßig großer Kopf war. Freundlich, zärtlich wurde er empfangen und seinem Reiseberichte die Eröffnung entgegengesetzt, daß die Papiere der Braut, so für die Hochzeit erforderlich waren, angekommen seien. Doch geschah diese Eröffnung mit einer lächelnden Zurückhaltung, wie wenn er auf eine zwar unbedeutende, aber immerhin nicht ganz ordnungsgemäße Nebensache müßte vorbereitet werden. Alles dies ging endlich vorüber, und es ergab sich, daß die Mutter allerdings eine verwitwete Dame Oliva, die Tochter hingegen ein außereheliches Kind von ihr war aus ihrer Jugendzeit und ihren eigenen Familiennamen trug, wenn es sich um amtliche und zivilrechtliche Dinge handelte. Dieser Name war: Häuptle! Die Braut hieß: Jungfer Häuptle, und die künftige Firma also: John Kabys-Häuptle, zu deutsch: Hans Kohlköpfle.

Sprachlos stand der Bräutigam eine gute Weile, die unselige Hälfte seines neuesten Meisterwerkes betrachtend; endlich rief er: »Und mit einem solchen Hauptkopfschädel kann man Häuptle heißen!« Erschrocken und demütig senkte die Braut ihr Häuptlein, um das Gewitter vorübergehen zu lassen; denn noch ahnte sie nicht, daß die Hauptsache an ihr für Kabyssen jener schöne Name gewesen sei.

Herr Kabys schlechtweg aber ging ohne weiteres nach seiner Behausung, um sich den Fall zu überlegen; allein schon auf dem Wege riefen ihm seine lustigen Mitbürger Hans Kohlköpfle zu, da das Geheimnis bereits verraten war. Drei Tage und drei Nächte suchte er das gefehlte Werk in tiefer Einsamkeit umzuschmieden. Am vierten Tage hatte er seinen Entschluß gefaßt, ging wieder dorthin und begehrte die Mutter statt der Tochter zur Ehe. Allein die entrüstete Frau hatte nun ihrerseits in Erfahrung gebracht, daß Herr Kabys gar kein Mahagonikästchen mit Werttiteln besitze, und wies ihm schnöde die Türe, worauf sie mit ihrer Tochter um ein Städtchen weiterzog.

So sah Herr John das glänzende Oliva entschwinden wie eine schimmernde Seifenblase im Ätherblau, und höchst betreten hielt er seinen Glücksschmiedehammer in der Hand. Seine letzte Barschaft war über diesem Handel fortgegangen. Daher mußte er sich endlich entschließen, etwas Wirkliches zu arbeiten oder wenigstens zur Grundlage seines Daseins zu machen, und indem er sich so hin und her prüfte, konnte er gar nichts als vortrefflich rasieren, ebenso die Messer dazu im Stande halten und scharf machen. Nun stellte er sich auf mit einem Bartbecken und in einem schmalen Stübchen zu ebener Erde, über dessen Türe er ein »John Kabys« befestigte, welches er aus jener stattlichen Firmatafel eigenhändig herausgesägt und von dem verlorenen Oliva wehmütig abgetrennt hatte. Der Spitzname Kohlköpfle blieb ihm jedoch in der Stadt und führte ihm manchen Kunden zu, so daß er mehrere Jahre lang ganz leidlich dahinlebte, Gesichter schabend und Messer abziehend, und seinen übermütigen Wahlspruch fast ganz zu vergessen schien.

Da sprach eines Tages ein Bürger bei ihm ein, der soeben von langen Reisen zurückgekehrt war und jetzt nachlässig, indem er sich zum Einseifen setzte, hinwarf: »So gibt es, wie ich aus Ihrem Schilde ersehe, doch noch Kabisse in Seldwyla?« – »Ich bin der Letzte meines Geschlechtes«, erwiderte der Barbier nicht ohne Würde, »doch warum frugen Sie das, wenn ich fragen darf?« Der Fremde schwieg jedoch, bis er barbiert und gesäubert, und erst als alles beendigt und der Ehrensold entrichtet war, fuhr er fort: »In Augsburg kannte ich einen alten reichen Kauz, welcher öfter versicherte, seine Großmutter sei eine geborene Kabis von Seldwyla in der Schweiz gewesen, und es nehme ihn höchlich wunder, ob da noch Leute dieses Geschlechtes lebten.«

Hierauf entfernte sich der Mann.

Hans Kohlköpfle dachte nach und dachte nach und kam in eine große Aufregung, als er sich endlich dunkel erinnerte, daß eine Vorfahrin von ihm sich wirklich vor langen Jahren nach Deutschland verheiratet haben sollte, die seither verschollen war. Ein rührendes Familiengefühl erwachte plötzlich in ihm, ein romantisches Interesse für Stammbäume, und es ward ihm bange, ob der Gereiste auch wiederkommen würde. Nach der Art seines Bartwuchses mußte er in zwei Tagen wieder erscheinen. In der Tat kam der Mann pünktlich um diese Zeit. John seifte ihn ein und schabte ihn beinahe zitternd vor Neugierde. Als er fertig war, platzte er heraus und erkundigte sich angelegentlich nach den näheren Umständen. Der Mann sagte: »Es ist einfach ein Herr Adam Litumlei, hat eine Frau, aber keine Kinder, und wohnt in der und der Straße zu Augsburg.«

John beschlief sich den Handel noch eine Nacht und faßte in derselben den Mut, doch noch tüchtig glücklich zu werden. Am nächsten Morgen schloß er seinen Ladenstreifen, packte seinen Sonntagsanzug in einen alten Tornister und alle seine wohlerhaltenen Wahrzeichen in ein besonderes Paketlein, und nachdem er sich mit hinlänglichen Ausweisschriften und pfarrbücherlichen Auszügen versehen, trat er unverweilt die Reise nach Augsburg an, still und unscheinbar, wie ein älterer Handwerksbursche.

Als er die Türme und die grünen Wälle der Stadt vor sich sah, überzählte er seine Barschaft und fand, daß er sich sehr knapp halten müsse, wenn er im ungünstigen Falle den Rückweg wieder bestehen wolle. Darum kehrte er in der bescheidensten Herberge ein, welche er nach einigem Suchen auffinden konnte; er trat in die Gaststube und sah verschiedene Handwerkszeichen über den Tischen hangen, worunter auch dasjenige der Schmiede. Unter dieses setzte er sich als ein Schmied seines Glückes, der guten Vorbedeutung wegen, und stärkte sein Leibliches durch ein Frühstück, da es noch zeitig am Tage. Dann ließ er sich ein eigenes Kämmerchen geben, wo er sich umkleidete. Er stutzte sich auf jegliche Weise auf und behing sich mit dem ganzen Zierat; auch schraubte er das Perspektivfäßchen auf den Stock. So trat er aus der Kammer hervor, daß die Wirtin erschrak ob all der Pracht.

Es dauerte ziemlich lang, eh er die Straße fand, nach der sein Herz begehrte. Doch endlich sah er sich in einer weiten Gasse, worin mächtige alte Häuser standen; aber kein lebendes Wesen war zu erblicken. Endlich wollte doch ein Mägdlein mit einem blanken schäumenden Kännchen Bier an ihm vorüberhuschen. Er hielt es fest und fragte nach Herrn Adam Litumlei, und das Mädchen zeigte ihm das Haus, vor welchem er gerade stand.

Neugierig schaute er daran hinauf. Über einem ansehnlichen Portale türmten sich mehrere Stockwerke mit hohen Fenstern empor, deren starke Gesimse und Profile ein senkrechtes Meer von kühnen Verkürzungen vor dem Auge des armen Glücksuchers ausbreiteten, so daß es ihm fast bänglich wurde und er befürchtete, eine zu großartige Sache unternommen zu haben; denn er stand vor einem förmlichen Palast. Dennoch drückte er sachte an dem schweren Torflügel, schlüpfte hinein und befand sich in einem prächtigen Treppenhaus. Eine steinerne Doppeltreppe baute sich mit breiten Absätzen in die Höhe, von einem reichgeschmiedeten Geländer eingefaßt. Unter der Treppe hindurch und durch die hintere offene Haustüre sah man Sonnenschein und Blumenbeete. John ging leise dahin, um vielleicht einen Dienstboten oder einen Gärtner zu finden, sah aber nichts als einen großen altfränkischen Garten, der voll der schönsten Blumen war, sowie einen steinernen Brunnen mit vielen Figuren.

Alles war wie ausgestorben; er ging wieder zurück und begann die Treppe hinaufzusteigen. An den Wänden hingen große vergilbte Landkarten, Pläne alter Reichsstädte mit ihren Festungswerken, mit stattlichen allegorischen Darstellungen in den Ecken. Eine eichene Türe unter mehreren war bloß angelehnt; der Eindringling öffnete sie zur Hälfte und sah eine ziemlich hübsche Frau auf einem Ruhebette ausgestreckt, welcher das Strickzeug entfallen war und die ein geruhiges Schläfchen tat, obgleich es erst zehn Uhr vor mittags war. Mit klopfendem Herzen hielt John Kabys, da das Zimmer sehr tief war, seinen Stock ans Auge und betrachtete die Erscheinung durch das Perspektivchen von Perlmutter; das seidene Kleid, die rundlichen Formen der Schläferin ließen ihm das Haus immer mehr wie ein verzaubertes Schloß erscheinen, und höchst gespannt zog er sich zurück und stieg weiter hinauf, sachte und vorsichtig.

Zuoberst war das Treppenhaus eine ordentliche Rüstkammer, da es behangen war mit Rüstungen und Waffen aus allen Jahrhunderten; rostige Panzerhemden, Eisenhüte, Galakürasse aus der Zopfzeit, Schlachtschwerter, vergoldete Luntenstäbe, alles hing durcheinander, und in den Ecken standen ziervolle kleine Geschütze, grün vor Alter. Kurz, es war das Treppenhaus eines großen Patriziers, und Herrn John wurde es feierlich zu Mute.

Da ließ sich plötzlich eine Art Geschrei vernehmen, ganz in der Nähe, wie von einem größern Kinde, und als es nicht aufhörte, benutzte John den Anlaß, ihm nachzugehen und so zu Leuten zu kommen. Er öffnete die nächste Türe und sah einen weitläufigen Ahnensaal, von unten bis oben mit Bildnissen angefüllt. Der Boden bestand aus sechseckigen Fliesen verschiedener Farbe, die Decke aus Gipsstukkaturen mit lebensgroßen, fast freischwebenden Menschen- und Tiergestalten, Fruchtkränzen und Wappen. Vor einem zehn Fuß hohen Kaminspiegel aber stand ein winziges eisgraues Greischen, nicht schwerer als ein Zicklein, in einem Schlafrock von scharlachrotem Sammet, mit eingeseiftem Gesicht. Das strampelte vor Ungeduld, schrie weinerlich und rief: »Ich kann mich nicht mehr rasieren! Ich kann mich nicht mehr rasieren! Mein Messer schneid't nicht! Niemand hilft mir, o je, o je!« Als es im Spiegel den Fremden sah, schwieg es still, kehrte sich um und sah mit dem Messer in der Hand verblüfft und furchtsam auf Herrn John, welcher, den Hut in der Hand, mit vielen Bücklingen vordrang, den Hut abstellte, lächelnd dem Männchen das Messer aus der Hand nahm und dessen Schneide prüfte. Er zog sie einigemal auf seinem Stiefel, dann auf dem Handballen ab, prüfte hierauf die Seife und schlug einen dichtern Schaum, kurz, er barbierte das Männchen in weniger als drei Minuten aufs herrlichste.

»Verzeihen Sie, hochgeehrter Herr!« sagte hierauf Kabys, »die Freiheit, die ich mir genommen habe! Allein da ich Sie in solcher Verlegenheit sah, glaubte ich mich dergestalt auf die natürlichste Weise bei Ihnen einzuführen, insofern ich etwa die Ehre habe, vor Herren Adam Litumlei zu stehen.«

Das Alterchen betrachtete noch immer erstaunt den Fremden; dann schaute es in den Spiegel und fand sich sauber rasiert, wie lange nicht mehr, worauf es, Wohlgefallen mit Mißtrauen vermischend, den Künstler abermals besah und mit Zufriedenheit wahrnahm, daß es ein anständiger Fremder sei. Doch fragte es mit immer noch unwirschem Stimmchen, wer er sei und was er wolle?

John räusperte sich und versetzte, er sei ein gewisser Kabys aus Seldwyla, und da er sich gerade auf Reisen befinde und hiesige Stadt passiere, so habe er nicht versäumen wollen, die Nachkommen einer Ahne seines Hauses aufzusuchen und zu begrüßen. Und er tat, als ob er von Kindheit auf nur von Herren Litumlei sprechen gehört hätte. Dieser war auf einmal freudig überrascht und rief freundlich und wohlgemut:

»Ha! so blühet also das Geschlecht der Kabisse noch! Ist es zahlreich und angesehen?«

John hatte schon, gleich einem Wandergesellen, der vor dem Torschreiber steht, seine Schriften ausgepackt und vorgelegt. Indem er auf sie wies, sprach er ernst: »Zahlreich ist es nicht mehr, denn ich bin der Letzte des Geschlechtes! Aber seine Ehre steht noch unbewegt!« Erstaunt und gerührt ob solchen Reden bot ihm der Alte die Hand und hieß ihn willkommen. Die beiden Herren verständigten sich schnell über den Grad ihrer Verwandtschaft; abermals rief Litumlei: »So nahe berühren sich unsere Lebenszweige! Kommen Sie, lieber Vetter, hier sehen Sie Ihre edle und treffliche Urgroßtante, meine leibliche Großmama!« Und er führte ihn im mächtigen Saale umher, bis sie vor einem schönen Frauenbilde standen in der Tracht des vorigen Jahrhunderts. In der Tat bezeichnete ein Papierkärtchen, welches in der Ecke des Rahmens befestigt war, die besagte Dame, so wie auch eine Anzahl der andern Bildnisse mit solchen Zetteln versehen war. Freilich zeigten die Gemälde selbst noch andere

Inschriften in lateinischer Sprache, welche mit den angehefteten Papierchen nicht übereinstimmten. Aber John Kabys stand und stand und überlegte in seinem Innern: »So hast du denn doch gut geschmiedet! Denn hier blickt auf dich hernieder, hold und freundlich, die Ahnfrau deines Glückes im reichen Rittersaal!«

Melodisch zu dieser Selbstansprache klangen die Worte des Herren Litumlei, welcher sagte, daß nun von einer Weiterreise keine Rede sein dürfe, sondern der werteste Vetter zur Begründung eines engern Verhältnisses vorerst so lange, als dessen Zeit es erlaube, sein Gast sein müsse. Denn das flunkernde Ziergeräte des Herren Großneffen, welches ihm schon in die Augen gefallen, versah trefflich seinen Dienst und erfüllte ihn mit Vertrauen.

Darum zog er jetzt mit aller Macht an einer Glocke, worauf allmählich einige Dienstboten herbeischlurften, um nach ihrem kleinen Gebieter zu sehen, und endlich erschien auch die Dame, welche im ersten Stock geschlafen hatte, noch gerötet von ihrem Schläfchen und mit halboffenen Augen. Als ihr aber der angekommene Gast vorgestellt wurde, tat sie dieselben ganz auf, neugierig und vergnüglich, wie es schien, über die unerwartete Begebenheit. John wurde nun in andere Räume geführt und mußte eine gehörige Erfrischung einnehmen, wobei ihm das Ehepaar so eifrig half wie Kinder, die zu jeder Stunde Eßlust haben. Dies gefiel dem Gast über die Maßen, da er sah, daß es Leute waren, die sich nichts abgehen ließen und welche noch Freude an den guten Dingen hätten. Seinerseits aber verfehlte er auch nicht, stündlich einen angenehmern Eindruck zu machen, ja schon beim bald folgenden Mittagessen stellte sich derselbe entschieden fest, als jedes der beiden Leutchen seine eigenen Leibgerichte auftragen ließ und John Kabys von allem aß und alles trefflich fand und seine angewöhnte ruhige Würde seinem Urteil einen noch höhern Wert gab. Es wurde aufs rühmlichste gegessen und getrunken, und noch nie genossen drei wackere Leute zusammen ein reichlicheres und zugleich schuldloseres

Dasein. Es war für John ein Paradies, in welchem kein Sündenfall möglich schien.

Genug, es begab sich alles auf das beste. Bereits lebte er acht Tage in dem ehrwürdigen Hause und kannte dasselbe schon in allen Ecken. Er vertrieb dem Alten die Zeit auf tausenderlei Weise, ging mit ihm spazieren und rasierte ihn so leicht wie ein Zephir, was dem Männchen vor allem aus gefiel. John merkte, daß Herr Litumlei über irgend etwas nachzusinnen begann und erschrak, wenn jener von seiner Abreise sprach, was er etwa in ernsten Andeutungen tat. Da fand er, es sei Zeit, jetzt wieder einen kleinen Meisterschlag zu wagen, und kündigte seinem Gönner am Ende des achten Tages deutlicher seine demnächstige Abreise an, zum Grunde nehmend, daß er sich durch längeres Zaudern den Abschied und die Gewöhnung an ein einfacheres Leben nicht erschweren dürfe. Denn männlich wolle er sein Schicksal ertragen, das Schicksal eines Letzten seines Geschlechtes, der da in strenger Arbeit und Zurückgezogenheit die Ehre des Hauses bis zum Erlöschen zu wahren habe.

»Kommen Sie mit mir hinauf, in den Rittersaal!« erwiderte Herr Adam Litumlei; sie gingen; als dort der Alte einigemal feierlich auf und ab gewandelt, begann er wieder: »Hören Sie meinen Entschluß und meinen Vorschlag, lieber Großneffe! Sie sind der Letzte Ihres Geschlechtes, es ist dies ein ernstes Schicksal! Allein ein nicht minder ernstes habe ich zu tragen! Blicken Sie mich an, wohlan! Ich bin der Erste des meinigen!«

Stolz richtete er sich auf, und John sah ihn an, konnte aber nicht entdecken, was das heißen sollte. Aber jener fuhr fort: »Ich bin der Erste des meinigen, will soviel heißen als Ich habe mich entschlossen, ein solch großes und rühmliches Geschlecht zu gründen, wie Sie hier an den Wänden dieses Saales gemalt sehen! Dieses sind nämlich nicht meine Ahnen, sondern die Glieder eines ausgestorbenen Patriziergeschlechtes dieser Stadt. Als ich vor dreißig Jahren hier einwanderte, war das Haus mit all seinem Inhalt und seinen Denkmälern eben käuflich, und ich erstand sogleich den ganzen Apparat als Grundlage zur Verwirklichung meines Lieblingsgedankens. Denn ich besaß ein großes Vermögen, aber keinen Namen, keine Vorfahren, und ich kenne nicht einmal den Taufnamen meines Großvaters, welcher eine Kabis geheiratet hat. Ich entschädigte mich anfänglich damit, die hier gemalten Herren und Frauen als meine Vorfahren zu erklären und einige zu Litumleis, andere zu Kabissen zu machen mittelst solcher Zettel, wie Sie sehen; doch meine Familienerinnerungen reichten nur für sechs oder sieben Personen aus, die übrige Menge dieser Bilder, das Ergebnis von vier Jahrhunderten, spottete meiner Bestrebungen. Um so dringender war ich an die Zukunft gewiesen, an die Notwendigkeit, selbst ein lang andauerndes Geschlecht zu stiften, dessen gefeierter Stammvater ich bin. Mein Bild habe ich längst anfertigen lassen sowie einen Stammbaum, an dessen Wurzel mein Name steht. Aber ein hartnäckiger Unstern verfolgt mich! Schon habe ich die dritte Frau, und noch hat mir keine ein Mädchen, geschweige denn einen Sohn und Stammhalter geschenkt. Die beiden früheren Weiber, von denen ich mich scheiden ließ, haben seither mit andern Männern aus Bosheit verschiedene Kinder gehabt, und die gegenwärtige, welche ich auch schon sieben Jahre besitze, würde es gewißlich gerade so machen, wenn ich sie laufen ließe.

Ihre Erscheinung, teurer Großneffe! hat mir nun eine Idee eingegeben, diejenige einer künstlichen Nachhilfe, wie sie in der Geschichte, in großen und kleinen Dynastien, vielfach gebraucht wurde. Was sagen Sie hiezu: Sie leben bei uns wie das Kind im Hause, ich setze Sie gerichtlich zu meinem Erben ein! Dagegen haben Sie zu leisten: Sie opfern äußerlich Ihre eigene Familienüberlieferung (sind Sie ja doch der Letzte Ihres Geschlechtes) und nehmen nach meinem Tode, d.h. bei Antritt des Erbes, meinen Namen an! Ich verbreite unterderhand das Gerücht, daß Sie ein natürlicher Sohn von mir seien, die Frucht eines tollen Jugendstreiches; Sie nehmen diese Auffassung an, widersprechen ihr nicht! Vielleicht läßt sich in der Folge eine schriftliche Kundgebung darüber aufsetzen, ein Memoire, ein kleiner Roman, eine denkwürdige Liebesgeschichte, worin ich eine feurige, wenn auch unbesonnene Figur mache, Unheil anrichte, das ich im Alter wiedergutmache. Endlich verpflichten Sie sich, diejenige Gattin von meiner Hand anzunehmen, die ich unter den angesehenen Töchtern der Stadt für Sie aussuchen werde, zur weiteren Verfolgung meines Zieles. Das ist im ganzen und im besondern mein Vorschlag!«

John war während dieser Rede abwechselnd rot und bleich geworden, aber nicht aus Scham und Schreck, sondern vor Freude und Erstaunen über das endlich eingetroffene Glück und über seine eigene Weisheit, welche dasselbe herbeigeführt habe. Aber mitnichten ließ er sich davon überrumpeln, sondern er tat, als ob er sich nur schwer entschließen könnte wegen der Aufopferung seines ehrbaren Familiennamens und seiner ehelichen Geburt. Er nahm sich eine Bedenkzeit von vierundzwanzig Stunden, in höflichen und wohlgesetzten Worten, und fing darnach an, in dem schönen Garten höchst nachdenklich auf und ab zu spazieren. Die lieblichen Blumen, die Levkojen, Nelken und Rosen, die Kaiserkronen und Lilien, die Geranienbeete und Jasminlauben, die Myrten- und Oleanderbäumchen, alle äugelten ihn höflich an und huldigten ihm als ihrem Herren.

Als er eine halbe Stunde lang den Duft und Sonnenschein, den Schatten und die Frische des Brunnens genossen, ging er ernsthaft hinaus auf die Straße, um die Ecke, und trat in einen Gebäckladen, wo er drei warme Pastetchen samt zwei Spitzgläsern feinen Weines zu sich nahm. Hierauf kehrte er in den Garten zurück und spazierte abermals eine halbe Stunde, doch diesmal eine Zigarre dazu rauchend. Da entdeckte er ein Beet voll kleiner zarter Radieschen. Er zog ein Büschel davon aus der Erde, reinigte sie am Brunnen, dessen steinerne Tritonen ihn mit den Augen ergebenst anzwinkerten, und begab sich damit in ein kühles Bräuhaus, wo er einen Krug schäumendes Bier dazu trank. Er unterhielt sich vortrefflich mit den Bürgern und versuchte schon seinen Heimatdialekt in das weichere Schwäbische umzuwandeln, da er voraussichtlich unter diesen Leuten einen hervorragenden Mann abgeben würde.

Absichtlich versäumte er die Mittagsstunde und verspätete sich beim Essen. Um dort eine kritische Appetitlosigkeit durchzuführen, aß er vorher noch drei Münchner Weißwürste und trank einen zweiten Krug Bier, der ihm noch besser schmeckte als der erste. Endlich runzelte er doch seine Stirn und begab sich mit derselben zum Essen, wo er die Suppe anstarrte.

Das Männchen Litumlei, welches durch unerwartete Hindernisse einem leidenschaftlichen Eigensinn zu verfallen pflegte und keinen Widerspruch ertragen konnte, empfand schon zornige Angst, daß seine letzte Hoffnung, ein Geschlecht zu gründen, zu Wasser werde, und beobachtete den unbestechlichen Gast mit mißtrauischen Blicken. Endlich ertrug er die Ungewißheit, ob er ein Stammvater sein solle oder keiner, nicht länger, sondern forderte den Bedenkzeitler auf, jene vierundzwanzig Stunden abzukürzen und seinen Entschluß sogleich zu fassen. Denn er fürchtete, die strenge Tugend seines Vetters möchte mit jeder Stunde wachsen. Er holte eigenhändig eine uralte Flasche Rheinwein aus dem Keller, von welchem John noch keine Ahnung gehabt. Als die entfesselten Sonnengeister unsichtbar über den Kristallgläsern dufteten, die gar fein erklangen, und mit jedem Tropfen des flüssigen Goldes, das man auf die Zunge brachte, schnell ein Blumengärtlein unter die Nase zu wachsen schien, da erweichte endlich der rauhe Sinn John Kabyssens, und er gab sein Jawort. Schnell wurde der Notar geholt und bei einem herrlichen Kaffee ein rechtsgültiges Testament aufgesetzt. Schließlich umarmten sich der künstlich-natürliche Sohn und der geschlechtergründende Erzvater; aber es war nicht wie eine warme Umarmung von Fleisch und Blut, sondern weit feierlicher, eher wie das Zusammenstoßen von zwei großen Grundsätzen, die auf ihren Wurfbahnen sich treffen.

Nun saß John im Glücke. Er hatte jetzt weiter nichts zu tun, als seiner angenehmen Bestimmung innezusein, etwas rücksichtsvoll sich gegen seinen Herren Vater zu benehmen und ein reichliches Taschengeld auf die Art zu verzehren, die ihm am meisten zu sagte. Dies geschah alles auf die anständigste und ruhigste

Weise, und er kleidete sich dabei wie ein Baron. Von Wertgegenständen brauchte er nicht einen einzigen mehr anzuschaffen; es zeigte sich jetzt sein Genie, indem die vor Jahren erworbenen auch jetzt noch gerade ausreichten und einem genau entworfenen Schema glichen, welches durch die Fülle des Glückes nun vollkommen gedeckt wurde. Die Schlacht von Waterloo blitzte und donnerte auf einer zufriedenen Brust; Ketten und Klunkern schaukelten sich auf einem wohlgefüllten Magen, durch die goldene Brille guckte ein vergnügtes und stolzes Auge, der Stock zierte mehr einen klugen Mann, als er ihn stützte, und die schöne Zigarrentasche war mit guten Stengeln angefüllt, welche er aus dem Mazepparöhrchen mit Verstand rauchte. Das wilde Pferd war schon glänzend braun, der Mazeppa darauf aber erst hell rötlich, beinahe fleischfarbig, so daß das doppelte Kunstwerk des Schnitzers und des Rauchers die gerechte Bewunderung der Sachverständigen erregte. Auch Papa Litumlei wurde höchlich davon eingenommen und lernte bei seinem Pflegesöhnchen eifrig Meerschäume anrauchen. Es wurde eine ganze Sammlung solcher Pfeifen angeschafft; doch der Alte war zu unruhig und ungeduldig in der edlen Kunst; der Junge mußte überall nachhelfen und gutmachen, was jenem wiederum Achtung und Zutrauen einflößte.

Jedoch fand sich bald eine noch wichtigere Tätigkeit für die beiden Männer vor, als der Papa darauf drang, nun gemeinschaftlich jenen Roman zu erfinden und aufzuschreiben, durch welchen John zu seinem natürlichen Sohn erhoben wurde. Es sollte ein geheimes Familiendokument werden in der Form fragmentarischer Denkwürdigkeiten. Um Eifersucht und Unruhe der Frau Litumlei zu verhüten, mußte es in geheimen Sitzungen abgefaßt und sollte ganz im stillen in das zu gründende Familienarchiv verschlossen werden, um erst in künftigen Zeiten, wenn das Geschlecht in Blüte stände, an das Tageslicht zu treten und von der Geschichte des Litumleiblutes zu reden.

John hatte sich schon vorgenommen, nach dem Absterben des Alten sich nicht schlechtweg Litumlei, sondern Kabys de

Litumley zu nennen, da er für seinen eigenen Namen, den er so zierlich geschmiedet, eine verzeihliche Vorliebe hegte; ebenso nahm er sich vor, das zu errichtende Schriftstück, wodurch er um seine ehrliche Geburt und zu einer liederlichen Mutter kommen sollte, dereinst ohne weiteres zu verbrennen. Aber dennoch mußte er jetzt daran mitarbeiten, was eine leise Trübung seines Wohlseins verursachte. Doch schickte er sich weislich in die Sache und schloß sich eines Morgens mit dem Alten in einem Gartenzimmer ein, um das Werk zu beginnen. Da saßen sie nun an einem Tische sich gegenüber und entdeckten plötzlich, daß ihr Vorhaben schwieriger war, als sie gedacht, indem keiner von ihnen je hundert Zeilen nacheinander geschrieben hatte. Sie konnten durchaus keinen Anfang finden, und je näher sie die Köpfe zusammensteckten, desto weniger wollte ihnen etwas einfallen. Endlich besann sich der Sohn, daß sie eigentlich zuerst ein Buch starkes und schönes Papier haben müßten, um ein dauerhaftes Schriftstück zu errichten. Das leuchtete ein; sie machten sich sogleich auf, ein solches zu kaufen, und durchstreiften einträchtig die Stadt. Als sie gefunden, was sie suchten, rieten sie einander, da es ein warmer Tag war, in ein Schenkhaus zu gehen und sich allda zu erfrischen und zu sammeln. Vergnügt tranken sie mehrere Kännchen und aßen Nüsse, Brot, Würstchen, bis John plötzlich sagte, er hätte jetzt den Anfang der Geschichte erfunden und wolle stracks nach Hause laufen, um ihn aufzuschreiben, damit er ihn nicht wieder verliere. »So lauf nur schnell«, sagte der Alte, »ich will unterdessen hier die Fortsetzung erfinden, ich merke, daß sie mir schon auf dem Weg ist!«

John eilte wirklich mit dem Buch Papier nach jenem Zimmer und schrieb:

»Es war im Jahr 17., als es ein gesegnetes Jahr war. Der Eimer Wein kostete 7 Gulden, der Eimer Apfelmost 1/2 Gulden und die Maß Kirschbranntwein 4 Batzen. Ein zweipfündiges Weißbrot 1 Batzen, ein dito Roggenbrot 1/2 Batzen und ein Sack Erdäpfel 8 Batzen. Auch war das Heu gut geraten und der

Scheffel Haber kostete 2 Gulden. Auch waren die Erbsen und die Bohnen gut geraten, und der Flachs und Hanf waren nicht gut geraten, dagegen wieder die Ölfrüchte und der Talg oder Unschlitt, so daß alles in allem die merkwürdige Sachlage stattfand, daß die bürgerliche Gesellschaft gut genährt und getränkt, notdürftig gekleidet und wiederum wohl beleuchtet war. So ging das Jahr ohne weiteres zu Ende, wo nun jedermann mit Recht neugierig war zu erleben, wie sich das neue Jahr anlassen würde. Der Winter bezeigte sich als ein gehöriger und regelrechter Winter, kalt und klar; eine warme Schneedecke lag auf den Feldern und schützte die junge Saat. Aber dennoch ereignete sich zuletzt etwas Seltsames. Es schneite, taute und fror wieder während des Monats Hornung in so häufigem Wechsel, daß nicht nur viele Menschen krank wurden, sondern auch eine solche Menge Eiszapfen entstand, daß das ganze Land aussah wie ein großes Glasmagazin und jedermann ein kleines Brett auf dem Kopfe trug, um von den fallenden Spitzen nicht angestochen zu werden. Im übrigen behaupteten sich die Preise der Lebensmittel noch immer wie oben bemerkt und schwankten endlich einem merkwürdigen Frühling entgegen.«

Hier kam der kleine Alte eifrig hergerannt, nahm den Bogen an sich, und ohne das bisher Geschriebene zu lesen oder etwas zu sagen, schrieb er weiter:

»Nun kam Er und hieß Adam Litumlei. Er verstand keinen Spaß und war geboren Anno 17 ... Er kam dahergestürmt wie ein Frühlingswetter. Er war einer von Denjenigen. Er trug einen roten Sammetrock, einen Federhut und einen Degen. Er trug eine goldene Weste mit dem Wahlspruch Jugend hat keine Tugend! Er trug goldene Sporen und ritt auf einem weißen Hengst; er stellte denselben in den ersten Gasthof und rief: ›Ich kümmere mich den Teufel darum, denn es ist Frühling, und Jugend muß austoben!‹ Er zahlte alles bar, und alles wunderte sich über ihn. Er trank den Wein, er aß den Braten, er sagte: ›Das taugt mir alles nichts!‹ Ferner sagte er: ›Komm, du holdes Liebchen, du taugst mir besser als Wein und Braten, als Silber und

Gold! Was kümmere ich mich darum? Denke, was du willst, was sein muß, muß sein!‹«

Hier blieb er plötzlich stecken und konnte durchaus nicht weiter. Sie lasen zusammen das Geschriebene, fanden es nicht übel und sammelten sich wieder während acht Tagen, wobei sie ein lockeres Leben führten; denn sie gingen öfter ins Bierhaus, um einen neuen Anlauf zu gewinnen; allein das Glück lachte nicht alle Tage. Endlich erwischte John wieder einen Zipfel, lief nach Hause und fuhr fort:

»Diese Worte richtete der junge Herr Litumlei nämlich an eine gewisse Jungfrau Liselein Federspiel, welche in den äußersten Häusern der Stadt wohnte, wo die Gärten sind und bald ein Wäldchen oder Hölzchen kommt. Dieses war eine der reizendsten Schönheiten, welche die Stadt je hervorgebracht hat, mit blauen Augen und kleinen Füßen. Sie war so schön gewachsen, daß sie kein Korsett brauchte und aus dieser Ersparnis, denn sie war arm, allmählich ein violettes Seidenkleid kaufen konnte. Aber alles dies war verklärt durch eine allgemeine Traurigkeit, welche nicht nur über die lieblichen Gesichtszüge, sondern über die ganze Gliederharmonie des Fräulein Federspiel zitterte, daß man in aller Windstille die wehmütigen Akkorde einer Äolsharfe zu hören glaubte. Denn es war jetzt ein gar denkwürdiger Maimonat angebrochen, in welchem sich alle vier Jahreszeiten zusammenzudrängen schienen. Es gab im Anfang noch einen Schnee, daß die Nachtigallen mit Schneeflocken auf dem Kopfe sangen, als ob sie weiße Zipfelmützchen trügen; dann trat eine solche Wärme ein, daß die Kinder im Freien badeten und die Kirschen reiften, und die Chronik bewahrt davon den Reim auf:

Eis und Schnee,
Buben baden im See,
Reife Kirschen und blühender Wein
Mocht alles in einem Maimond sein.

Diese Naturerscheinungen machten die Menschen nachdenklich und wirkten auf verschiedene Weise. Die Jungfer Liselein Federspiel, welche besonders tiefsinnig war, grübelte auch nach und ward zum ersten Mal inne, daß sie ihr Wohl und Wehe, ihre Tugend und ihren Fall in der eigenen Hand trage, und indem sie nun die Waage hielt und diese verantwortliche Freiheit erwog, ward sie ebenso traurig darüber. Wie sie nun dastand, kam jener verwegene Rotrock und sagte unverweilt ›Federspiel, ich liebe dich!‹ Worüber sie durch eine sonderbare Fügung plötzlich ihren vorigen Gedankengang änderte und in ein helles Gelächter ausbrach.«

»Jetzt laß mich fortfahren!« rief der Alte, welcher erhitzt nachgelaufen kam und dem Jungen über die Schulter las, »es paßt mir nun eben recht!« und setzte die Geschichte folgendermaßen fort:

»›Da ist nichts zu lachen!‹ sagte jener, ›denn ich verstehe keinen Spaß!‹ Kurz, es kam, wie es kommen mußte; wo das Wäldchen auf der Höhe stand, saß mein Federspiel im Grünen und lachte noch immer; aber schon sprang der Ritter auf seinen Schimmel und flog so schnell in die Ferne, daß er durch die platzgreifende Luftperspektive in wenig Augenblicken ganz bläulich aussah. Er verschwand, kehrte nicht mehr zurück; denn er war ein Teufelsbraten!«

»Ha, nun ist's geschehen!« schrie Litumlei und warf die Feder hin, »nun habe ich das Meinige getan, führe du nun den Schluß herbei, ich bin ganz erschöpft von diesen höllischen Erfindungen! Beim Styx! Es nimmt mich nicht wunder, daß man die Ahnherren großer Häuser so hochhält und in Lebensgröße malt, da ich spüre, welche Mühe mich die Gründung des meinigen kostet! Aber habe ich das Ding nicht kühn behandelt?«

John schrieb weiter:

»Die arme Jungfer Federspiel empfand eine große Unzufriedenheit, als sie plötzlich vermerkte, daß der verführerische Jüngling entschwunden war, fast gleichzeitig mit dem denkwürdigen Maimonat. Doch hatte sie die Geistesgegenwart, schnell das Vorgefallene in ihrem Innern für ungeschehen zu erklären, um so den frühern Zustand einer gleichschwebenden Waage wiederherzustellen. Aber sie genoß dieses Nachspiel der Unschuld nur kurze Zeit. Der Sommer kam, man schnitt das Korn; es ward einem gelb vor den Augen, wohin man blickte, vor all dem goldnen Segen; die Preise gingen wieder bedeutend herunter, Liselein Federspiel stand auf jenem Hügel und schaute allem zu; aber sie sah nichts vor lauter Verdruß und Reue. Es kam der Herbst, jeder Weinstock war ein fließender Brunnen, vom Fallen der Äpfel und Birnen trommelte es fortwährend auf der Erde; man trank, man sang, kaufte und verkaufte. Jeder versorgte sich, das ganze Land war ein Jahrmarkt, und so reichlich und wohlfeil alles war, so wurde doch das Überflüssige noch gelobt und gehätschelt und dankbar angenommen. Nur allein der Segen, den Liselein brachte, sollte nichts gelten und keiner Nachfrage wert sein, als ob der im Überfluß schwimmende Menschenhaufen nicht ein einziges Mäulchen mehr brauchen könnte. Da hüllte sie sich in ihre Tugend und gebar, einen Monat zu früh, ein munteres Knäblein, welches so recht darauf angewiesen war, der Schmied seines eigenen Glückes zu werden.

Dieser Sohn führte sich auch so wacker durch ein vielbewegtes Leben, daß er, durch wunderbare Schicksale endlich mit seinem Vater vereinigt, von demselben zu Ehren gezogen und in seine Rechte eingesetzt wurde, und ist dies der zweite bekannte Stammherr des Geschlechtes der Litumlei.«

Unter dieses Dokument schrieb der Alte: »Eingesehen und bestätigt, Johann Polykarpus Adam Litumlei.« Und John unterschrieb ebenfalls. Dann drückte Herr Litumlei noch sein Siegel bei, dessen Wappenschild drei halbe goldene Fischangeln im blauen Felde und sieben weiß und rot quadrierte Bachstelzen auf einem schräglaufenden grünen Balken zeigte.

Sie wunderten sich aber, daß das Schriftstück nicht größer geworden; denn sie hatten kaum einen Bogen von dem Buch Papier beschrieben. Nichtsdestoweniger legten sie es in das Archiv, wozu sie einstweilen eine alte eiserne Kiste bestimmten, und waren zufrieden und guter Dinge.

Unter solchen und andern Beschäftigungen verging die Zeit auf das angenehmste; es wurde dem glückhaften John beinahe unheimlich, daß es auch gar nichts mehr zu hoffen und zu fürchten, zu schmieden und zu spekulieren gab. Indem er sich so nach neuer Tätigkeit umsah, wollte es ihn bedünken, daß die Gemahlin des Hausherren ein etwas unzufriedenes und verdächtiges Gesicht gegen ihn zeige; es dünkte ihn nur, bestimmt konnte er es nicht behaupten. Er hatte diese Frau, welche fast immer schlief oder, wenn sie wachte, etwas Gutes aß, über seinen anderweitigen Bestrebungen wenig beachtet, da sie sich in nichts mischte und mit allem zufrieden schien, wenn ihre Ruhe nicht gestört wurde. Jetzt fürchtete er plötzlich, sie könnte ihm irgendeine nachteilige Wandlung der Dinge bereiten, ihren Mann umstimmen und dergleichen.

Er legte den Finger an die Nase und sagte: »Halt! Hier dürfte es geraten sein, dem Werke noch die letzte Feile zu geben! Wie konnte ich nur diese wichtige Partie so lange aus den Augen setzen! Gut ist gut, aber besser ist besser!«

Der Alte war eben fort, um im stillen an der Ausmittelung einer zweckmäßigen Gattin für seinen Stammhalter tätig zu sein, wovon er selbst diesem nichts verriet. John beschloß unverweilt, sich zu der Dame zu begeben mit der unbestimmten Vorstellung, ihr auf irgendeine Weise den Hof zu machen und sich bei ihr einzuschmeicheln, um das Versäumte nachzuholen. Er säuselte ehrbarlich die Treppe hinunter bis zu dem Gemach, wo sie sich aufzuhalten pflegte, und fand wie gewöhnlich die Türe halb offenstehen; denn sie war bei aller Trägheit neugierig und liebte immer gleich zu hören, was vorging.

Er trat vorsichtig hinein und sah sie wieder schlummernd daliegen, ein halb aufgegessenes Himbeertörtchen in der Hand. Ohne recht zu wissen, was eigentlich beginnen, ging er endlich auf den Zehen hin, ergriff ihre runde Hand und küßte sie ehrerbietig. Sie regte sich nicht im mindesten; doch öffnete sie die Augen zur Hälfte und sah ihn, ohne den Mund zu verziehen, mit einem höchst seltsamen Blick an, solang er dastand. Verblüfft und stotternd zog er sich endlich zurück und lief in sein Zimmer. Dort setzte er sich in eine Ecke, jenen Blick aus schmaler Augenzwinkerung immer vor sich. Er eilte wieder hinunter, die Frau verhielt sich unbeweglich wie vorhin, und wie er näher trat, taten sich die Augen wieder halb auf. Wiederum zog er sich zurück, wiederum saß er in der Ecke seiner Kammer, zum dritten Mal fuhr er in die Höhe, stieg die Treppe hinunter, huschte hinein und blieb nun dort, bis der Patriarch nach Hause kehrte.

Es verging nun kaum ein Tag, wo die zwei Leute sich nicht zusammenzutun und den Alten zu hintergehen wußten, daß es eine Art hatte. Die schläfrige Frau wurde auf einmal munter in ihrer Weise; John aber ergab sich dem leidenschaftlichsten Undank gegen seinen Wohltäter, immer in der Absicht, seine Stellung zu befestigen und das Glück recht an die Wand zu nageln.

Beide Sünder taten indessen nur um so freundlicher und ergebener gegen den betrogenen Litumlei, der dabei sich ganz behaglich fühlte und sein Haus auf das beste bestellt zu haben glaubte, so daß man nicht entscheiden konnte, welcher von beiden Herren mehr mit sich zufrieden war. Eines Morgens schien jedoch der Alte den Sieg davonzutragen infolge einer vertraulichen Unterredung, welche seine Frau mit ihm gepflogen; denn er ging ganz sonderbar herum, stand keinen Augenblick still und suchte fortwährend allerlei Sätzchen zu pfeifen, was aber wegen Mangels an Zähnen nicht gelang. Er schien um mehrere Zoll gewachsen zu sein über Nacht, kurz, er war der Inbegriff der Selbstzufriedenheit. Aber denselben Tag noch neigte sich der Sieg wieder auf die Seite des Jüngern, als ihn der Alte unversehens frug, ob er nicht Lust habe, eine tüchtige Reise zu machen, um auch noch die Welt ein wenig kennenzulernen und besonders auch, indem er sich selber bilde, die verschiedenen Arten der Jugenderziehung in den Ländern in Betracht zu nehmen und sich über die diesfalls herrschenden Grundsätze zu unterrichten, namentlich mit Bezug auf die vornehmeren Stände?

Nichts konnte ihm willkommener sein als solch herrlicher

Antrag, und freudig genehmigte er denselben. Er wurde schnell für die Reise ausgerüstet und mit Wechseln versehen, und er fuhr in höchster Gloria davon. Zuerst bereiste er Wien, Dresden, Berlin und Hamburg; dann wagte er sich nach Paris, und überall führte er ein prächtiges und weises Leben. Er patrouillierte alle Vergnügungsorte, Sommertheater und Spektakelplätze ab, lief durch die Raritätenkammern der Schlösser und stand allmittags in der Sonnenhitze auf den Paradeplätzen, um die Musik zu hören und die Offiziere anzugaffen, eh er zur Tafel ging. Wenn er all die Herrlichkeiten unter tausend andern Menschen mit ansah, so wurde er ganz stolz und schrieb sich von allem Glanz und Getön das alleinige Verdienst zu, jeden für einen unwissenden Tropf haltend, der nicht dabei war. Mit dem behenden Genießen verband er aber die größte Weisheit, um seinem Wohltäter zu zeigen, daß er keinen Hasen auf Reisen geschickt habe. Keinem Bettler gab er etwas, keinem armen Kinde kaufte er je etwas ab, den Dienstbaren in den Gasthäusern wußte er beharrlich mit dem Trinkgelde durchzugehen, ohne Schaden zu leiden, und um jeden Dienst feilschte er lange, ehe er ihn annahm. Am meisten Spaß machte ihm das Vexieren und Foppen der verlorenen Wesen, mit denen er sich im Vereine mit zwei oder drei Gleichgesinnten auf den öffentlichen Bällen unterhielt. Mit einem Wort er lebte so sicher und vergnügt wie ein alter Weinreisender.

Zum Schlusse konnte er sich nicht versagen, einen Abstecher nach seiner Heimat Seldwyla zu machen. Dort logierte er im ersten Gasthof, saß geheimnisvoll und einsilbig an der Mittagstafel und ließ seine Mitbürger sich die Köpfe darüber zerbrechen, was aus ihm geworden sei. Sie waren überzeugt, daß nicht viel hinter der Sache stecke, und doch lebte er zur Zeit unzweifelhaft im Wohlstand, so daß sie einstweilen ihren Spott zurückhielten und mit krausen Nasenflügeln nach dem Golde blinzelten, das er sehen ließ. Er aber regalierte sie nicht mit einer einzigen Flasche Wein, obgleich er vor ihren Augen vom besten trank und sann, wie er ihnen noch Weiteres antun könne.

Da gedachte er, am Ende seiner Reise, plötzlich des Auftrages, der ihm zur Erforschung des Erziehungswesens in den durchreisten Ländern geworden, um die Grundsätze festzustellen, nach welchen die Kinder des von Litumlei gegründeten und von Kabys fortzupflanzenden Geschlechtes erzogen werden sollten. Diese Aufgabe in Seldwyla zu lösen kam ihm nun trefflich zustatten, da er, in den Mantel einer höheren Mission gehüllt, als eine Art Edukationsrat auftreten und die Seldwyler noch mehr foppen konnte. Er kam auch gerade vor die rechte Schmiede. Denn seit einiger Zeit schon waren sie auf einen herrlichen Erwerbszweig geraten, indem sie alle ihre Mädchen zu Erzieherinnen machten und versandten. Kluge und unkluge, gesunde und kränkliche Kinder wurden in dieser Weise zubereitet in eigenen Anstalten und für alle Bedürfnisse. Wie man Forellen verschiedentlich behandelt, sie blau absiedet oder backt oder spickt usw., so wurden die guten Mädchen entweder mehr positiv christlich oder mehr weltlich, mehr für die Sprachen oder mehr für die Musik, für vornehme Häuser oder für mehr bürgerliche Familien zugerichtet, je nach der Weltgegend, für welche sie bestimmt waren und von wo die Nachfrage kam. Das Seltsame dabei war, daß die Seldwyler für alle diese verschiedenen Zweckbestimmungen sich vollkommen neutral und gleichgültig verhielten und auch von den betreffenden Lebenskreisen durchaus keine Kenntnis besaßen, und der gute Absatz ließ sich nur dadurch erklären, daß die Abnehmer des Exportartikels ebenso gleichgültig und kenntnislos waren. Ein Seldwyler, der den unversöhnlichsten Kirchenfeind spielte, konnte seine nach England bestimmten Kinder auf Gebet und Sonntagsheiligung einüben lassen; ein anderer, der in öffentlichen Reden von der edlen Stauffacherin, der Zierde des freien Schweizerhauses, schwärmte, hatte seine fünf oder sechs Töchter nach den russischen Steppen oder in andere unwirtliche Gegenden verbannt, wo sie in ferner Trostlosigkeit schmachteten.

Die Hauptsache war, daß die wackeren Bürger die armen Wesen so bald als möglich, mit einem Reisepaß und Regenschirm versehen, hinausjagen und mit dem heimgesandten Erwerbe derselben sich gütlich tun konnten.

Aus alledem war aber bald eine gewisse Überlieferung und Geschicklichkeit für die äußerliche Zurichtung der Mädchen entstanden, und John Kabys hatte vollauf zu tun, die kuriosen Grundsätze, die hierin walteten, mit noch kurioserer Auffassungsgabe einzusammeln und sich zu notieren. Er ging in den verschiedenen Fabriklein herum, wo die Mädchen zubereitet wurden, befragte Vorsteherinnen und Lehrer und suchte sich vorzüglich ein Bild davon zu entwerfen, wie die Erziehung eines Knäbchens in einem großen Hause von Anfang an standesmäßig betrieben würde, und zwar so recht auf Kosten der hiefür bezahlten Leute und ohne Mühsal noch Verdruß der Eltern.

Hierüber fertigte er ein merkwürdiges Memorandum an, welches in einigen Tagen, dank seinen fleißigen Notizen, zu mehreren Bogen anschwoll und mit dem er sich aufsehenerregend beschäftigte. Er verwahrte die Schrift zusammengerollt in einer runden Blechkapsel und trug dieselbe an einem Lederriemchen beständig an der Hüfte. Als aber die Seldwyler das bemerkten, glaubten sie, er sei abgesandt, ihnen das Geheimnis ihrer Industrie abzustehlen und in das Ausland zu verpflanzen. Sie erbosten sich über ihn und trieben ihn drohend und scheltend davon.

Erfreut, daß er sie habe ärgern können, reiste er ab und langte endlich in Augsburg an, gesund und fröhlich wie ein junger Hecht. Er trat wohlgemut ins Haus und fand dasselbe ebenso froh belebt. Eine muntere schöne Landfrau mit hohem Busen war das erste, was er antraf; sie trug eine Schüssel mit warmem Wasser, und er hielt sie für eine neue Köchin und betrachtete sie vorläufig nicht ohne Wohlgefallen. Doch drängte es ihn, die Hausfrau schnell zu begrüßen; allein sie war nicht zu sprechen und lag im Bett, obgleich das Haus von einem seltsamen Geräusch widerhallte. Dieses rührte vom alten Litumlei her, welcher herumrannte, sang, rief, lachte und krakeelte und endlich zum Vorschein kam, blasend, pustend, die Augen rollend und ganz rot vor Freude, Stolz und Hochmut. Ausgelassen und

Würde atmend zugleich hieß er seinen Günstling willkommen und eilte wieder davon, um etwas anderes zu verrichten; denn er schien alle Hände voll zu tun zu haben.

Zwischendurch ließ sich von einer Gegend her wiederholt ein gedämpftes Quieken vernehmen wie von einem Kreuzertrompetchen; die vollbusige Bäuerin ging wieder über die Szene mit einer Handvoll weißer Tüchelchen und rief aus ihrer weißen Kehle: »Gleich, mein Schätzchen! gleich, mein Bübchen!«

»Daß dich!« sagte John, »was ist das für ein leckerer Bissen!«

Aber er horchte wieder auf jenes Quieken, das sich fort und fort vernehmen ließ.

»Nun?« rief Litumlei, der wieder hergeträppelt kam, »singt der Vogel nicht schön? Was sagst du dazu, mein Bursche?«

»Welcher Vogel?« fragte John.

»Ei, Herr Jesus! Du weißt am Ende noch gar nichts?« rief der Alte; »ein Sohn ist uns allendlich geboren, ein Stammhalter, so munter wie ein Ferkel, liegt uns in der Wiege! Alle meine Wünsche, meine alten Pläne sind erfüllt!«

Der Schmied seines Glückes stand wie eine Bildsäule, ohne jedoch die Folgen des Ereignisses schon zu übersehen, so einfach sie auch sein mochten; er fühlte nur, daß es ihm höchst widerstrebend zu Mute war, machte ganz runde Augen und spitzte den Mund, wie wenn er einen Igel küssen müßte.

»Nun«, fuhr der vergnügte Alte fort, »sei nur nicht zu verdrießlich! Etwas verändert wird allerdings unser Verhältnis, habe auch bereits das Testament umgestoßen und verbrannt sowie jenen lustigen Roman, dessen wir nun nicht mehr bedürfen! Du aber bleibst im Hause, du sollst bei der Erziehung meines Sohnes die Oberleitung übernehmen, du sollst mein Rat sein und mein Helfer in allen Dingen, und es soll dir nichts abgehen, solang ich lebe! Nun ruh dich aus, ich muß dem kleinen Kreuzkerl einen rechten Namen zusammensuchen!

Schon dreimal hab ich den Kalender durchgesehen, will jetzt noch eine alte Chronik durchstöbern, dort gibt's so alte Stammbäume mit ganz merkwürdigen Taufnamen!«

John begab sich endlich auf sein Zimmer und setzte sich in jene Ecke; die Blechkapsel mit der Erziehungsdenkschrift hatte er noch umhängen, und er hielt sie unbewußt zwischen den Knien. Er sah die Sachlage ein, er verwünschte die böse Frau, welche ihm diesen Streich gespielt und einen Erben untergeschoben; er verwünschte den Alten, der da glaubte, er hätte einen rechtmäßigen Sohn; nur sich selbst verwünschte er nicht, der doch der wirkliche und alleinige Urheber des kleinen Schreiers war und sich so selbst enterbt hatte. Er zappelte in einem unzerreißlichen Netze, rannte aber wieder nach dem Alten, um ihm törichterweise die Augen zu öffnen.

»Glauben Sie denn wirklich«, sagte er mit gedämpfter Stimme zu ihm, »daß das Kind das Ihrige sei?«

»Wie, was?« sagte Herr Litumlei und sah von seiner Chronik auf.

John fuhr fort, in abgebrochenen Redensarten ihm zu verstehen zu geben, daß er selbst ja nie imstande gewesen sei, Vater zu werden, daß seine Frau wahrscheinlich sich eine Untreue habe zuschulden kommen lassen usf.

Sobald ihn das kleine Männchen ganz verstand, fuhr es wie besessen in die Höhe, stampfte auf den Boden, schnaubte und schrie endlich: »Aus den Augen mir, undankbares Scheusal, verleumderischer Schuft! Warum sollte ich nicht imstande sein, einen Sohn zu haben? Sprich, Elender! Ist das der Dank für meine Wohltaten, daß du die Ehre meines Weibes und meine eigene Ehre begeiferst mit deiner niederträchtigen Zunge? Welch ein Glück, daß ich noch rechtzeitig erkenne, welch eine Schlange ich an meinem Busen genährt habe! Wie werden doch solche große Stammhäuser gleich in der Wiege schon vom Neid und von der Selbstsucht attackiert! Fort! aus dem Hause mit dir von Stund an!«

Er lief zitternd vor Wut nach seinem Schreibtische, nahm eine Handvoll Goldstücke, wickelte sie in ein Papier und warf es dem Unglücklichen vor die Füße.

»Hier ist noch ein Zehrpfennig, und damit fort auf immer!« Hiemit entfernte er sich, immer zischend wie eine Schlange.

John hob das Päcklein auf, ging aber nicht aus dem Hause, sondern schlich auf seine Kammer, mehr tot als lebendig, zog sich aus bis auf das Hemde, obschon es noch nicht Abend war, und legte sich ins Bett, schlotternd und erbärmlich stöhnend. In allem Jammer zählte er, da er keinen Schlaf finden konnte, das erhaltene Geld und das, welches er auf der Reise in oben beschriebener Weise erspart. »Unnütz!« sagte er, »ich denke nicht daran, fortzugehen, ich will und muß hierbleiben!«

Da klopften zwei Polizeimänner an die Türe, traten herein und hießen ihn aufstehen und sich anziehen. Voll Angst und Schrecken tat er es; sie befahlen ihm, seine Sachen zusammenzupacken; es war aber alles noch auf das schönste beisammen, da er seine Reisekoffer noch gar nicht geöffnet hatte. Darauf führten sie ihn aus dem Hause; ein Knecht trug die Sachen nach, setzte sie auf die Straße und schloß die Türe vor seiner Nase zu. Hierauf lasen ihm die Männer von einem Papier ein Verbot vor, bei Strafe nicht mehr dies Haus zu betreten. Dann gingen sie fort; er aber blickte nochmals an das Haus seines verlorenen Glückes hinauf, als eben einer der hohen Fensterflügel sich ein wenig öffnete, jene hübsche Amme eine in ländlicher Weise dort getrocknete Windel hereinlangte und gleichzeitig das Stimmchen des Kindes sich wieder vernehmen ließ.

Da floh er endlich mit seiner Habe in einen Gasthof, zog sich dort wiederum aus und legte sich nun ungestört ins Bett.

Am andern Tage lief er aus Verzweiflung noch zu einem Advokaten, um zu erfahren, ob denn gar nichts mehr zu machen sei? Sobald der aber seine Rede halb angehört, rief er zornig: »Machen Sie, daß Sie fortkommen, Sie Esel, mit Ihrer einfältigen Erbschleicherei, oder ich lasse Sie verhaften!«

Ganz verstürmt reisete er allendlich nach seinem guten Seldwyla, wo er erst vor einigen Tagen gewesen war. Er setzte sich wieder in den Gasthof und zehrte einige Zeit nachdenklich von seiner Barschaft, und je mehr sie sich verminderte, desto kleinlauter wurde er. Humoristisch gesellten sich die Seldwyler zu ihm, und als sie, da er nun zugänglicher geworden, sein Schicksal so ziemlich erforscht hatten und ihn im Besitze seines abnehmenden kleinen Vermögens sahen, verkauften sie ihm eine kleine alte Nagelschmiede vor dem Tore, die gerade feilstand und, wie sie sagten, ihren Mann nährte. Er mußte aber, um den Kaufschilling vollzumachen, alle seine Attribute und Kleinode veräußern, was er um so leichter tat, als er nun keine Hoffnung mehr auf diese Dinge setzte; sie hatten ihn ja immer betrogen, und er mochte nicht mehr um sie Sorge tragen.

Mit der Nagelschmiede, in der zwei oder drei Arten einfacher Nägel gemacht wurden, ging ein alter Geselle in den Kauf, von dem der neue Inhaber die Hantierung selbst ohne viel Mühe erlernte und dabei noch ein wackerer Nagelschmied wurde, der erst in leidlicher, dann in ganzer Zufriedenheit so dahinhämmerte, als er das Glück einfacher und unverdrossener Arbeit spät kennenlernte, das ihn wahrhaft aller Sorge enthob und von seinen schlimmen Leidenschaften reinigte.

Dankbarlich ließ er schöne Kürbisstauden und Winden an dem niedrigen schwärzlichen Häuschen emporranken, das außerdem von einem großen Holunderbaum überschattet war und dessen Esse immer ein freundliches Feuerlein hegte.

Nur in stillen Nächten bedachte er etwa noch sein Schicksal, und einigemal, wenn der Jahrestag wiederkehrte, wo er die Dame Litumlei bei dem Himbeertörtchen gefunden hatte, stieß der Schmied seines Glückes den Kopf gegen die Esse, aus Reue über die unzweckmäßige Nachhilfe, welche er seinem Glück hatte geben wollen.

Allein auch diese Anwandlungen verloren sich allmählich, je besser die Nägel gerieten, welche er schmiedete.

STEFAN ZWEIG

Universitas vitae

Überblicke ich mein Leben, so kann ich mich an wenige so glückliche Augenblicke erinnern wie jene ersten dieser Universitätszeit ohne Universität. Ich war jung und hatte darum noch nicht das Gefühl der Verantwortung, Vollendetes leisten zu müssen. Ich war leidlich unabhängig, der Tag hatte vierundzwanzig Stunden, und alle gehörten mir. Ich konnte lesen und arbeiten, was ich wollte, ohne irgend jemandem Rechenschaft schuldig zu sein, die Wolke der akademischen Prüfung rührte noch nicht an den hellen Horizont, denn wie lang sind drei Jahre, gemessen am neunzehnten Lebensjahr, wie reich, wie füllig und wie voll von Überraschungen und Geschenken kann man sie gestalten!

Das erste, was ich begann, war, meine Gedichte in einer – wie ich meinte: unerbittlichen – Auslese zu sammeln. Ich schäme mich nicht, zu bekennen, daß mir eben absolvierten neunzehnjährigen Gymnasiasten als der süßeste Geruch auf Erden, süßer als das Öl der Rosen von Schiras, damals jener der Druckerschwärze erschien; jede Annahme eines Gedichts in irgendeiner Zeitung hatte meinem von Natur aus sehr schwachbeinigen Selbstbewußtsein einen neuen Anschwung gegeben. Sollte ich nicht jetzt schon ansetzen zu dem entscheidenden Sprunge und die Veröffentlichung eines ganzen Bandes versuchen? Der Zuspruch meiner Kameraden, die mehr an mich glaubten als ich selbst, entschied. Ich sandte das Manuskript verwegen genug gerade an jenen Verlag, der damals der repräsentative für deutsche Lyrik war, Schuster & Löffler, die Verleger Liliencrons, Dehmels, Bierbaums, Momberts, jener ganzen Generation, die zugleich mit Rilke und Hofmannsthal die neue deutsche Lyrik geschaffen. Und – Wunder und Zeichen! – es kamen einer nach dem andern jene unvergeßlichen Glücksaugenblicke, wie sie sich im Leben eines Schriftstellers auch nach den größten Erfolgen nicht mehr wiederholen: es kam ein Brief mit dem Signet des Verlags, den man unruhig in Händen hielt, ohne den Mut, ihn zu öffnen. Es kam die Sekunde, wo man angehaltenen Atems las, daß der Verlag sich entschlossen habe, das Buch zu veröffentlichen und sich sogar das Vorrecht für die folgenden ausbedinge. Es kam das Paket mit den ersten Korrekturen, das man mit maßloser Erregung aufschnürte, um die Type zu sehen, den Satzspiegel, die embryonale Gestalt des Buchs, und dann nach wenigen Wochen das Buch selbst, die ersten Exemplare, die man nicht müde wurde zu beschauen, zu betasten, zu vergleichen, einmal und noch einmal und noch einmal. Und dann die kindische Wanderung zu den Buchläden, ob sie schon Exemplare in der Auslage hätten und ob sie in der Mitte des Ladens prangten oder bescheiden am Rande sich versteckten. Und dann das Warten auf die Briefe, auf die ersten Kritiken, auf die erste Antwort aus dem Unbekannten, dem Unberechenbaren – alle diese Spannungen, Erregungen, Begeisterungen, um die ich jeden jungen Menschen heimlich beneide, der sein erstes Buch in die Welt wirft.

HANS CHRISTIAN ANDERSEN

Die Eisenbahn

Da viele meiner Leser noch niemals eine Eisenbahn gesehen haben, möchte ich ihnen erst einen Begriff von einer solchen geben. Nehmen wir also eine gewöhnliche Landstraße, sie laufe gerade oder in Windungen, das ist einerlei, aber eben muß sie sein, eben wie ein Fußboden. Darum wollen wir jeden Berg, der sich ihr entgegenstellt, sprengen und über Sümpfe und tiefe Täler mit starken Pfeilern Brücken bauen, und wenn wir dann die ebene Straße vor uns haben, legen wir dorthin, wo sonst die Wagenspuren laufen, eiserne Schienen, um welche die Wagenräder fest greifen können. Die Dampfmaschine wird vorgespannt, ihr Meister, der sie zu lenken und anzuhalten weiß, obendarauf gesetzt, Wagen wird an Wagen gekettet, mit Menschen oder Vieh darin, und dann fährt man los.

An jedem Ort am Weg kennt man Stunde und Minute, wann die Wagenreihe eintreffen wird, und wenn der Zug dann in Bewegung ist, hört man schon meilenweit den Ton der Signalpfeife, und dort, wo für gewöhnliche Reisende befahr- und begehbare Nebenwege die Eisenbahn schneiden, schlägt die aufgestellte Wache den hölzernen Schlagbaum nieder, und die lieben Leute müssen warten, bis wir vorüber sind. Die ganze Strecke entlang, all die vielen Meilen, stehen kleine Häuschen, und sie stehen so dicht beieinander, daß die dort aufgestellten Wachen die Fähnchen der Nachbarn sehen und beizeiten dafür sorgen können, daß die Bahn rein, daß kein Stein, kein Zweig auf den Schienen liegt.

Sieh, das ist eine Eisenbahn! Ich hoffe, man hat mich verstanden.

Es war das erste Mal in meinem Leben, daß ich eine solche sehen sollte. Einen halben Tag und die darauffolgende Nacht war ich in der Diligence den entsetzlich schlechten Weg von

Braunschweig nach Magdeburg gefahren, müde kam ich dort an, und eine Stunde später sollte ich mit dem Dampfwagen weiterreisen.

Ich will es nicht leugnen: ich hatte im voraus eine Empfindung, die ich das Eisenbahn-Fieber nennen möchte, und als ich das großartige Gebäude betrat, von dem aus die Wagenreihe abfährt, erreichte dies seinen Höhepunkt. Hier war ein Gedränge von Reisenden, ein Gelaufe mit Koffern und Reisesäcken, ein Sausen und Brausen von Maschinen, aus denen der Dampf sich wälzte! Man weiß beim ersten Mal kaum, wohin zu stellen man sich wagen soll, damit nicht ein Wagen oder ein Dampfkessel oder ein Kasten mit Reisegut über einen dahergeflogen kommt. Zwar steht man in Sicherheit auf einem hervorspringenden Balkon, an welchem die Wagen, in die man hinein muß, wie Gondeln an einem Kai angelegt haben, allein unten im Hof kreuzen sich eiserne Schienen wie Zauberbänder, und Zauberbänder sind es auch, die der menschliche Scharfsinn da geschlagen; und daran müssen sich unsere magischen Wagen auch halten, denn geraten sie außerhalb, ja, da gilt es Haut und Haar. Ich starrte sie an, diese Wagen, Lokomotiven, losen Karren, wandernden Schornsteine und Gott weiß, was alles hier wie in einer Zauberwelt durcheinanderlief, alles schien Beine zu haben! Und nun dieser Dampf und dieses Brausen, dazu das Gedränge um die Plätze, der Talggeruch, das rhythmische Gestampfe der Maschinen, das Pfeifen und Schnaufen des abgelassenen Dampfes, all das verstärkte diesen Eindruck. Und wenn man, wie gesagt, zum ersten Mal hier ist, hat man nur noch den einen Gedanken: gleich schlägt man hin, bricht Arm und Bein, springt in die Luft oder wird von der zweiten Wagenreihe zerquetscht – aber ich glaube, so ist das nur das erste Mal.

Die Wagenreihe hier bildet drei Abteilungen, die beiden ersten sind bequeme, geschlossene Wagen, ganz wie unsere Diligencen, nur viel breiter, die dritte ist offen und unglaublich wohlfeil, so daß selbst der ärmste Bauer damit fährt, denn das kommt ihn weniger teuer, als wenn er den langen Weg gehen und sich unterwegs im Wirtshaus stärken oder übernachten müßte. – Die Signalpfeife ertönt – aber schön klingt sie nicht und hat viel Ähnlichkeit mit dem Schwanengesang des Schweins, wenn ihm das Messer durch die Kehle fährt. Man setzt sich in die bequemste Kutsche, die man sich denken kann, der Kondukteur schließt hinter uns die Tür und steckt den Schlüssel ein, wir können aber doch das Fenster herunterlassen und die frische Luft genießen, ohne vom Luftdruck Unannehmlichkeiten zu befürchten. Man befindet sich ganz so wie in jedem anderen Wagen auch, nur weit bequemer, und hat man zuvor eine anstrengende Reise gemacht, so ruht man sich hier aus.

Die erste Empfindung ist ein ganz leises Erschüttern der Wagen, und nun sind die Ketten, die sie zusammenhalten, gestrafft; wieder läßt sich die Signalpfeife hören, und die Fahrt beginnt, erst langsam, die ersten Schritte geht es sachte, als ob eine Kinderhand den kleinen Wagen zöge. Unmerklich wächst die Schnelligkeit, du aber liest in deinem Buch, studierst deine Karte und weißt gar nicht recht, ob die Reise überhaupt begonnen hat, denn der Wagen gleitet wie ein Schlitten über schneebedecktes ebnes Feld. Du schaust zum Fenster hinaus und entdeckst, daß du einherjagst wie mit galoppierenden Pferden, noch schneller geht es, du scheinst zu fliegen, und doch ist hier kein Schütteln, kein Luftdruck, nichts von dem, was du befürchtet hast.

Was war das Rote da, das wie ein Blitz an uns vorüberfuhr? Es war einer der Wärter mit seiner Fahne. Schau nur hinaus! Und die nächsten zehn bis zwanzig Ellen ist das Feld ein pfeilschneller Strom, Gräser und Kräuter fließen zusammen, man wähnt sich außerhalb der Erde, und diese dreht sich. Wenn man lange in dieselbe Richtung schaut, tut es dem Auge weh; blickst du aber ein paar Klafter weiter, so bewegen sich die Gegenstände nicht schneller, als wir es sonst bei guter Fahrt beobachten können, und noch weiter auf den Horizont zu scheint alles stillzustehn, die Gegend bietet sich voll in ihrer Gänze dar.

Geradeso muß man durch flache Länder reisen! Die eine Stadt

scheint dicht neben der anderen zu liegen, da kommt eine, da schon wieder! Man kann sich recht den Flug der Zugvögel dabei denken, so müssen auch sie die Städte hinter sich lassen.

Auf den Seitenwegen sieht man andre Menschen, die auf die gewohnte Weise reisen, sie scheinen stillzustehen, die Pferde vor dem Wagen heben die Hufe und scheinen sie wieder auf denselben Platz zurückzusetzen, aber da sind wir schon vorbei.

Es gibt eine ziemlich bekannte Anekdote von einem Amerikaner, der zum ersten Mal mit dem Dampfwagen fuhr: Als er einen Meilenstein nach dem anderen vorüberfliegen sah, glaubte er, er wäre auf einem Gottesacker und sähe die Grabmale. Ich würde dies sonst nicht erzählen, doch charakterisiert es so ganz die Geschwindigkeit, und sie fiel mir ein, obwohl man hier keine Meilensteine sieht – es müßten denn die roten Signalfähnchen sein, und dann hätte derselbe Amerikaner hier sagen können: Warum laufen heute alle Menschen mit roten Fahnen herum?

Dagegen möchte ich von einem Plankenwerk berichten, das ich, als wir daran vorüberfuhren, zu einer Stange sich verkürzen sah. Ein Mann neben mir sagte: »Schau an, da sind wir im Fürstentum Cöthen.« Und dann nahm er sich eine Prise, bot auch mir die Dose an, ich machte eine Verbeugung, probierte den Tabak, nieste und fragte: »Wie lange sind wir denn in Cöthen?« – »Oh«, antwortete der Mann, »gerade als Sie niesten, waren wir wieder draußen.«

Und doch könnten die Dampfwagen noch doppelt so schnell fahren, wie sie es hier tun; alle Augenblicke ist man an einer neuen Station, Passagiere sollen abgesetzt und andere aufgenommen werden, und dadurch wird die Fahrt verzögert, man hält eine Minute, und durch die offnen Fenster reichen uns Aufwärter Erfrischungen, leichte und solide, ganz wie es uns gefällt, die gebratenen Tauben fliegen uns, gegen Bezahlung, buchstäblich gleich in den Mund, und dann jagt man weiter, plaudert mit seinem Nachbarn, liest in einem Buch oder wirft einen Blick in die Natur, wo sich oft eine Herde Kühe vor Erstaunen rundum dreht oder sich ein paar Pferde losreißen und davonlaufen, weil sie sehen, daß zwanzig Wagen ohne sie, und obendrein noch schneller als mit ihrer Hilfe, durch die Welt kommen können. Und dann ist man plötzlich wieder unter Dach, und die Wagenreihe hält, man ist in drei Stunden seine fünfzehn Meilen gefahren, ist in Leipzig. Am selben Tag, vier Stunden später, geht's von hier wieder weiter, eine ähnliche Wegstrecke in derselben Zeit, doch über Berge und über Flüsse – und dann ist man in Dresden.

Mehrere Leute habe ich sagen hören, daß mit den Eisenbahnen alle Reisepoesie verschwinde, daß man an dem Schönen und Interessanten vorüberjage. Was das letztere betrifft, so steht es ja jedem frei, an jeder beliebigen Station zu verweilen und sich dort umzusehen, so lange, bis die nächste Wagenreihe kommt. Und was die Reisepoesie betrifft, so bin ich ganz der entgegengesetzten Meinung. In den engen, vollgestopften Reisewagen und Diligencen, dort muß die Poesie verschwinden, dort stumpft man ab, wird in der besten Jahreszeit von Staub und Hitze und im Winter von schlechten Wegen geplagt. Die Natur selbst hat man hier in Portionen, die nicht größer sind als im Dampfwagen, wohl aber bekommt man sie in längeren Zügen.

Oh, welche Großtat des Geistes ist doch diese Erfindung! Man fühlt sich so mächtig wie ein Zauberer der alten Zeit! Wir spannen unser magisches Pferd vor den Wagen, und der Raum entschwindet; wir fliegen wie die Wolken im Sturm, tun es den Zugvögeln nach! Unser wildes Pferd schnaubt und prustet, aus seinen Nüstern quillt der schwarze Rauch. Schneller konnte auch Mephistopheles nicht mit Faust auf seinem Mantel fliegen! Durch natürliche Mittel sind wir in unserer Zeit ebenso mächtig, wie man im Mittelalter es nur vom Teufel glaubte, unser Scharfsinn hat ihn eingeholt, und ehe er sich's noch versieht, sind wir an ihm vorbei.

Nur selten in meinem Leben, kann ich mich entsinnen, habe ich mich so ergriffen gefühlt wie hier, habe ich so mit all meinen Gedanken gleichsam Gott von Angesicht zu Angesicht geschaut. Ich spürte eine Andacht, wie ich sie als Kind nur in der

Kirche und später dann im sonnenbeglänzten Wald oder auf windstillem Meer in sternklarer Nacht empfunden habe. Gefühl und Phantasie beherrschen nicht allein das poetische Reich, sie haben einen Bruder, der ebenso mächtig ist – er wird Verstand genannt, er verkündet das ewig Wahre, und darin liegt Größe und Poesie.

KURT TUCHOLSKY

Das Ideal

Ja, das möchste:
Eine Villa im Grünen mit großer Terrasse,
vorn die Ostsee, hinten die Friedrichstraße;
mit schöner Aussicht, ländlich-mondän,
vom Badezimmer ist die Zugspitze zu sehn –
aber abends zum Kino hast du's nicht weit.

Das Ganze schlicht, voller Bescheidenheit:

Neun Zimmer, – nein, doch lieber zehn!
Ein Dachgarten, wo die Eichen drauf stehn,
Radio, Zentralheizung, Vakuum,
eine Dienerschaft, gut gezogen und stumm,
eine süße Frau voller Rasse und Verve –
(und eine fürs Wochenend, zur Reserve) –,
eine Bibliothek und drumherum
Einsamkeit und Hummelgesumm.

Im Stall: Zwei Ponys, vier Vollbluthengste,
acht Autos, Motorrad – alles lenkste
natürlich selber – das wär' ja gelacht!
Und zwischendurch gehst du auf Hochwildjagd.

Ja, und das hab' ich ganz vergessen:
Prima Küche – erstes Essen –
Alte Weine aus schönem Pokal –
und egalweg bleibst du dünn wie ein Aal.
Und Geld. Und an Schmuck eine richtige Portion.
Und noch 'ne Million und noch 'ne Million.
Und Reisen. Und fröhliche Lebensbuntheit.
Und famose Kinder. Und ewige Gesundheit.

Ja, das möchste!

Aber, wie das so ist hienieden:
manchmal scheint's so, als sei es beschieden
nur pöapö, das irdische Glück.
Immer fehlt dir irgendein Stück.
Hast du Geld, dann hast du nicht Käten;
hast du die Frau, dann fehl'n dir Moneten –
hast du die Geisha, dann stört dich der Fächer:
bald fehlt uns der Wein, bald fehlt uns der Becher.

Etwas ist immer.

Tröste dich.

Jedes Glück hat einen kleinen Stich.
Wir möchten so viel: Haben. Sein. Und gelten.
Daß einer alles hat:
das ist selten.

JACOB UND WILHELM GRIMM

Hans im Glück

Hans hatte sieben Jahre bei seinem Herrn gedient, da sprach er zu ihm: »Herr, meine Zeit ist herum, nun wollte ich gerne wieder heim zu meiner Mutter, gebt mir meinen Lohn.« Der Herr antwortete: »Du hast mir treu und ehrlich gedient, wie der Dienst war, so soll der Lohn sein«, und gab ihm ein Stück Gold, das so groß als Hansens Kopf war. Hans zog ein Tüchlein aus der Tasche, wickelte den Klumpen hinein, setzte ihn auf die Schulter und machte sich auf den Weg nach Haus. Wie er so dahinging und immer ein Bein vor das andere setzte, kam ihm ein Reiter in die Augen, der frisch und fröhlich auf einem muntern Pferd vorbeitrabte. »Ach«, sprach Hans ganz laut, »was ist das Reiten ein schönes Ding! Da sitzt einer wie auf einem Stuhl, stößt sich an keinen Stein, spart die Schuh, und kommt fort, er weiß nicht wie.« Der Reiter, der das gehört hatte, hielt an und rief: »Ei, Hans, warum laufst du auch zu Fuß?« »Ich muß ja wohl«, antwortete er, »da habe ich einen Klumpen heim zu tragen: es ist zwar Gold, aber ich kann den Kopf dabei nicht gerad halten, auch drückt mirs auf die Schulter.« »Weißt du was«, sagte der Reiter, »wir wollen tauschen: ich gebe dir mein Pferd, und du gibst mir deinen Klumpen.« »Von Herzen gern«, sprach Hans, »aber ich sage Euch, Ihr müßt Euch damit schleppen.« Der Reiter stieg ab, nahm das Gold und half dem Hans hinauf, gab ihm die Zügel fest in die Hände und sprach: »Wenns nun recht geschwind soll gehen, so mußt du mit der Zunge schnalzen und hopp hopp rufen.«

Hans war seelenfroh, als er auf dem Pferde saß und so frank und frei dahinritt. Über ein Weilchen fiels ihm ein, es sollte noch schneller gehen, und fing an mit der Zunge zu schnalzen und hopp hopp zu rufen. Das Pferd setzte sich in starken Trab, und ehe sichs Hans versah, war er abgeworfen und lag in einem Graben, der die Äcker von der Landstraße trennte. Das Pferd wäre auch durchgegangen, wenn es nicht ein Bauer aufgehalten hätte, der des Weges kam und eine Kuh vor sich hertrieb. Hans suchte seine Glieder zusammen und machte sich wieder auf die Beine. Er war aber verdrießlich und sprach zu dem Bauer: »Es ist ein schlechter Spaß, das Reiten, zumal, wenn man auf so eine Mähre gerät, wie diese, die stößt und einen herabwirft, daß man den Hals brechen kann; ich setze mich nun und nimmermehr wieder auf. Da lob ich mir Eure Kuh, da kann einer mit Gemächlichkeit hinterhergehen, und hat obendrein seine Milch, Butter und Käse jeden Tag gewiß. Was gäb ich darum, wenn ich so eine Kuh hätte!« »Nun«, sprach der Bauer, »geschieht Euch so ein großer Gefallen, so will ich Euch wohl die Kuh für das Pferd vertauschen.« Hans willigte mit tausend Freuden ein; der Bauer schwang sich aufs Pferd und ritt eilig davon.

Hans trieb seine Kuh ruhig vor sich her und bedachte den glücklichen Handel. »Hab ich nur ein Stück Brot, und daran wird mirs noch nicht fehlen, so kann ich, sooft mirs beliebt, Butter und Käse dazu essen; hab ich Durst, so melk ich meine Kuh und trinke Milch. Herz, was verlangst du mehr?« Als er zu einem Wirtshaus kam, machte er halt, aß in der großen Freude alles, was er bei sich hatte, sein Mittags- und Abendbrot, rein auf, und ließ sich für seine letzten paar Heller ein halbes Glas Bier einschenken. Dann trieb er seine Kuh weiter, immer nach dem Dorfe seiner Mutter zu. Die Hitze ward drückender, je näher der Mittag kam, und Hans befand sich in einer Heide, die wohl noch eine Stunde dauerte. Da ward es ihm ganz heiß, so daß ihm vor Durst die Zunge am Gaumen klebte. »Dem Ding ist zu helfen«, dachte Hans, »jetzt will ich meine Kuh melken und mich an der Milch laben.« Er band sie an einen dürren Baum, und da er keinen Eimer hatte, so stellte er seine Ledermütze unter, aber wie er sich auch bemühte, es kam kein Tropfen Milch zum Vorschein. Und weil er sich ungeschickt dabei anstellte, so gab ihm das ungeduldige Tier endlich mit einem der Hinterfüße einen solchen Schlag vor den Kopf, daß er zu Boden taumelte und eine Zeitlang sich gar nicht besinnen konnte, wo er war. Glücklicherweise kam gerade ein Metzger des Weges, der auf einem Schubkarren ein junges Schwein liegen hatte. »Was sind das für Streiche!« rief er und half dem guten Hans auf. Hans erzählte, was vorgefallen war. Der Metzger reichte ihm seine Flasche und sprach: »Da trinkt einmal und erholt Euch. Die Kuh will wohl keine Milch geben, das ist ein altes Tier, das höchstens noch zum Ziehen taugt oder zum Schlachten.« »Ei, ei«, sprach Hans und strich sich die Haare über den Kopf, »wer hätte das gedacht! es ist freilich gut, wenn man so ein Tier ins Haus abschlachten kann, was gibts für Fleisch! aber ich mache mir aus dem Kuhfleisch nicht viel, es ist mir nicht saftig genug. Ja, wer so ein junges Schwein hätte! das schmeckt anders, dabei noch die Würste.« »Hört, Hans«, sprach da der Metzger, »Euch zuliebe will ich tauschen und will Euch das Schwein für die Kuh lassen.« »Gott lohn Euch Eure Freundschaft«, sprach Hans, übergab ihm die Kuh, ließ sich das Schweinchen vom Karren losmachen und den Strick, woran es gebunden war, in die Hand geben.

Hans zog weiter und überdachte, wie ihm doch alles nach Wunsch ginge, begegnete ihm ja eine Verdrießlichkeit, so würde sie doch gleich wieder gutgemacht. Es gesellte sich danach ein Bursch zu ihm, der trug eine schöne weiße Gans unter dem Arm. Sie boten einander die Zeit, und Hans fing an, von seinem Glück zu erzählen, und wie er immer so vorteilhaft getauscht hätte. Der Bursch erzählte ihm, daß er die Gans zu einem Kindtaufschmaus brächte. »Hebt einmal«, fuhr er fort und packte sie bei den Flügeln, »wie schwer sie ist, die ist aber auch acht Wochen lang genudelt worden. Wer in den Braten beißt, muß sich das Fett von beiden Seiten abwischen.« »Ja«, sprach Hans, und wog sie mit der einen Hand, »die hat ihr Gewicht, aber mein Schwein ist auch keine Sau.« Indessen sah sich der Bursch nach allen Seiten ganz bedenklich um, schüttelte auch wohl mit dem Kopf. »Hört«, fing er darauf an, »mit Eurem Schweine mags nicht ganz richtig sein. In dem Dorfe, durch das ich gekommen bin, ist eben dem Schulzen eins aus dem Stall gestohlen worden. Ich fürchte, ich fürchte, Ihr habts da in der Hand. Sie haben Leute ausgeschickt, und es wäre ein schlimmer Handel, wenn sie Euch mit dem Schwein erwischten: das Geringste ist, daß Ihr ins finstere Loch gesteckt werdet.« Dem guten Hans ward bang: »Ach Gott«, sprach er, »helft mir aus der Not, Ihr wißt hier herum bessern Bescheid, nehmt mein Schwein da und laßt mir Eure Gans.« »Ich muß schon etwas aufs Spiel setzen«, antwortete der Bursche, »aber ich will doch nicht schuld sein, daß Ihr ins Unglück geratet.« Er nahm also das Seil in die Hand und trieb das Schwein schnell auf einen Seitenweg fort: der gute Hans aber ging, seiner Sorgen entledigt, mit der Gans unter dem Arme der Heimat zu. »Wenn ichs recht überlege«, sprach er mit sich selbst, »habe ich noch Vorteil bei dem Tausch: erstlich den guten Braten, hernach die Menge von Fett, die heraussträufeln wird, das gibt Gänsefettbrot auf ein Vierteljahr, und endlich die schönen weißen Federn, die laß ich mir in mein Kopfkissen stopfen, und darauf will ich wohl ungewiegt einschlafen. Was wird meine Mutter eine Freude haben!«

Als er durch das letzte Dorf gekommen war, stand da ein Scherenschleifer mit seinem Karren, sein Rad schnurrte, und er sang dazu.

»Ich schleife die Schere und drehe geschwind,
und hänge mein Mäntelchen nach dem Wind.«

Hans blieb stehen und sah ihm zu; endlich redete er ihn an und sprach: »Euch gehts wohl, weil Ihr so lustig bei Eurem Schleifen seid.« »Ja«, antwortete der Scherenschleifer, »das Handwerk hat einen güldenen Boden. Ein rechter Schleifer ist ein Mann, der, sooft er in die Tasche greift, auch Geld darin findet. Aber wo habt Ihr die schöne Gans gekauft?« »Die hab ich nicht gekauft, sondern für mein Schwein eingetauscht.« »Und das Schwein?« »Das hab ich für eine Kuh gekriegt.« »Und die Kuh?« »Die hab ich für ein Pferd bekommen.« »Und das Pferd?« »Dafür hab ich einen Klumpen Gold, so groß als mein Kopf, gegeben.« »Und das Gold?« »Ei, das war mein Lohn für sieben Jahre Dienst.« »Ihr habt Euch jederzeit zu helfen gewußt«, sprach der Schleifer, »könnt Ihrs nun dahin bringen, daß Ihr das Geld in der Tasche springen hört, wenn Ihr aufsteht, so habt Ihr Euer Glück gemacht.« »Wie soll ich das anfangen?« sprach Hans. »Ihr müßt ein Schleifer werden wie ich; dazu gehört eigentlich nichts als ein Wetzstein, das andere findet sich schon von selbst. Da hab ich einen, der ist zwar ein wenig schadhaft, dafür sollt Ihr mir aber auch weiter nichts als Eure Gans geben; wollt Ihr das?« »Wie könnt Ihr noch fragen«, antwortete Hans, »ich werde ja zum glücklichsten Menschen auf Erden; habe ich Geld, sooft ich in die Tasche greife, was brauche ich da länger zu sorgen?« reichte ihm die Gans hin, und nahm den Wetzstein in Empfang. »Nun«, sprach der Schleifer und hob einen gewöhnlichen schweren Feldstein, der neben ihm lag, auf, »da habt Ihr noch einen tüchtigen Stein dazu, auf dem sichs gut schlagen läßt und Ihr Eure alten Nägel gerade klopfen könnt. Nehmt ihn und hebt ihn ordentlich auf.«

Hans lud den Stein auf und ging mit vergnügtem Herzen weiter; seine Augen leuchteten vor Freude, »ich muß in einer Glückshaut geboren sein«, rief er aus, »alles, was ich wünsche, trifft mir ein, wie einem Sonntagskind.« Indessen, weil er seit Tagesanbruch auf den Beinen gewesen war, begann er müde zu werden; auch plagte ihn der Hunger, da er allen Vorrat auf einmal in der Freude über die erhandelte Kuh aufgezehrt hatte. Er konnte endlich nur mit Mühe weitergehen und mußte jeden Augenblick halt machen; dabei drückten ihn die Steine ganz erbärmlich. Da konnte er sich des Gedankens nicht erwehren, wie gut es wäre, wenn er sie gerade jetzt nicht zu tragen brauchte. Wie eine Schnecke kam er zu einem Feldbrunnen geschlichen, wollte da ruhen und sich mit einem frischen Trunk laben: damit er aber die Steine im Niedersitzen nicht beschädigte, legte er sie bedächtig neben sich auf den Rand des Brunnens. Darauf setzte er sich nieder und wollte sich zum Trinken bücken, da versah ers, stieß ein klein wenig an, und beide Steine plumpten hinab. Hans, als er sie mit seinen Augen in die Tiefe hatte versinken sehen, sprang vor Freuden auf, kniete dann nieder und dankte Gott mit Tränen in den Augen, daß er ihm auch diese Gnade noch erwiesen und ihn auf eine so gute Art, und ohne daß er sich einen Vorwurf zu machen brauchte, von den schweren Steinen befreit hätte, die ihm allein noch hinderlich gewesen wären. »So glücklich wie ich«, rief er aus, »gibt keinen Menschen unter der Sonne.« Mit leichtem Herzen und frei von aller Last sprang er nun fort, bis er daheim bei seiner Mutter war.

Freundschaft ist des Lebens Salz.

FRIEDRICH GOTTLIEB KLOPSTOCK

Von der Freundschaft

Die Freundschaft ist eine Glückseligkeit, die so wenige ganz kennen, daß es mich oft recht traurig macht, wenn ich so viele sehe, denen sie weiter nichts, als ein Wort ist, das sie, des Wohlstandes wegen, bisweilen mit aussprechen, von ungefähr so, wie das *andre Wort* Tugend.

Einige legen dies Blatt schon weg, und haben, indem sie nun schon das drittemal dabei jähnen, heute eben keine Lust, eine lange *Abhandlung* von der Freundschaft zu lesen. Sie irren sich zwar sehr, denn sie werden nichts weniger als eine Abhandlung von den Pflichten der Freundschaft zu lesen bekommen: unterdes bin ich doch sehr ungewiß ob sie es reizen wird, weiterzulesen, wenn ich ihnen sage, daß ich von der Glückseligkeit der Freundschaft, von dieser unerschöpflichen Materie, *etwas berühren* will. Aber mit wem soll ich reden? Mit Freunden? Mit diesen redte ich freilich am liebsten. Ich dürfte ihnen nur ein halbes Wort sagen, so verstünden sie mich; und ich bin gewiß, daß ich ihnen ein Vergnügen machen würde. Aber ich wollte doch auch gern diejenigen, denen Freundschaft, Pflichten, Glückseligkeit der Freundschaft, böhmische Dörfer sind, (man verzeihe mir diesen gemeinen Ausdruck, weil er der Sache angemessen ist) auf die Vermutung bringen, daß es vielleicht einigermaßen möglich sei, daß diese Wörter etwas bedeuten könnten.

Wenn ich nicht in eine Assemblée müßte, mein Herr Aufseher, so würde ich Ihnen ein paar Minuten zuhören.

Ich wills kurz machen, mein Herr. Fahren Sie immer.

Wir sehn einander wohl einmal im Rosenburger Garten, oder sonstwo: wenn Sie es alsdann nicht allzuviel länger machen wollten, und wir eben nichts wichtigers hätten; so würde mirs eine Ehre sein, mich mit Ihnen von der Sache zu unterreden.

Vielleicht treffen wir uns fürs erste nicht sogleich wieder an. Das ist noch kürzer.

Einige von meinen gutherzigen Lesern werden, bei dieser Gelegenheit, ein wahres Mitleiden mit mir gehabt haben. Ohne mich in die Dankbarkeit, die ich ihnen dafür schuldig bin, allzuweitläuftig einzulassen, will ich ihnen nur im Vertraun sagen, daß ich eine ziemliche Portion Mitleiden bei mir vorrätig habe, welche ich tagtäglich, und, wie ich aufrichtig versichern kann, recht gut an den Mann zu bringen weiß.

Es ist notwendig, daß ich einiger Anfangsgründe erwähne. Ein *Freund* ist weder ein *Bekannter*, noch ein *guter Bekannter;* er ist auch kein *guter Freund.* Ein *Bekannter* ist nun so einer, den man sehen, und nicht sehen kann, ohne weiter an ihn zu denken. Ich habe ihrer leider! nicht wenige. Sie sind wie die Verleumder Shackespears, die, nach seinem Ausdrucke, den Ruhm andrer berupfen:

Wer meine Zeit berupft, der stiehlt sich selbst nicht reich!
Mich stiehlt er arm.

Aus einem *guten Bekannten* wird zwar bisweilen ein *Freund;* aber wenn es bei der guten Bekanntschaft bleibt, so unterhalten wir sie bloß deswegen, weil unser guter Bekannte doch einige nützliche und angenehme Eigenschaften hat. Leute, die ihren Begriffen von der Freundschaft nicht höher schwingen können, als daß sie alle gute Bekannte für Freunde halten, denken, daß nichts gewöhnlicher in der Welt als die Freundschaft sei. Wie betrügen sie sich! Unterdes werden auch diejenigen, welche zur Freundschaft fähig sind, eine nicht zu kleine Anzahl guter Bekannter alsdann haben wollen, wenn sie die Sache so einrichten können, daß sie nicht zu viel Zeit darüber verlieren.

Ein guter Freund ist etwas Unreifes, etwas das unvollendet geblieben ist. Er hat verschiedne Eigenschaften, die zur Freundschaft gehören; aber die Anzahl derer, die er nicht hat, ist auch nicht klein. Man wollte ihn gerne vollends zum Freunde ausbilden; aber es will nicht gehen. Er versteht, er fühlt einmal nur bis auf einen gewissen Grad. Ich habe oft Anlaß gehabt, die Anmerkung zu machen: daß eher aus einem guten Bekannten ein Freund wird, als aus einem guten Freunde, der dies lange geblieben ist. Er ist zwar der nächste nach dem Freunde, aber, wie Virgil sagt:

In weiter Entfernung der Nächste!

Ich habe noch keine Schrift von der Freundschaft gelesen, in welcher die Eigenschaften eines *Freundes* nicht durch ein Gemisch, durch kalte, durch weitschweifige und dann wieder übertriebne Beschreibungen verunstaltet worden wären. Der gebildete Verstand und das gebesserte Herz sind die beiden Grundsäulen der Freundschaft. Diese Grundsäulen haben einige sehr simple Zieraten: gewisse Züge eines Originalcharakters, ich meine, gewisse Wendungen des Verstandes und Herzens, die sich herausnehmen, die interessieren. Eine solche Freundschaft macht *nur etwas weniger* glücklich, als diejenige Liebe, die man allein darunter verstehen sollte, wenn man dieses so oft gemißbrauchte Wort ausspricht. Die Freundschaft und die Liebe sind zwo Pflanzen aus einer Wurzel. Die letzte hat nur einige Blumen mehr.

Wenn ich sage, daß die Freundschaft, nach dem Bewußtsein, unsre Pflicht ausgeübt zu haben, *die zweite große Glückseligkeit* ist, die wir nicht allein in dieser, sondern auch in der künftigen Welt genießen können; so glaube ich zwar beinahe alles gesagt zu haben, was sich davon sagen läßt; aber wie wenige sind glücklich genug, dies nicht für eine Chimäre zu halten. Unterdes will ich gleichwohl noch ein wenig von der süßen Chimäre reden.

Wenn man den meisten Glückseligkeiten, nach welchen so viele mit solcher Heftigkeit laufen, ein wenig näher, und entschlossen, nichts als, was wahr ist, zu sehen, ins Gesicht sieht; was für *wirkliche* Chimären entdeckt man alsdann! Die jähnenden Besitzer dieser Glückseligkeiten mögen nur kommen, und es mit der Glückseligkeit der Freundschaft auch so machen.

Es sollte meinen Freund und mich nicht *wirklich* glücklich

machen, daß wir uns für alles, was uns angeht, bis zu der geringsten Kleinigkeit, interessieren? Daß wir nichts Geheimes für einander haben, sondern, unser beiderseitigen Verschwiegenheit gewiß, uns *Alles* (die beschworne Verschwiegenheit unsers Amtes, und die einem andern Freunde versprochne, ›oder auch nur von ihm erwartete,‹ machen hier allein eine Ausnahme), daß wir uns *Alles* mit der offensten Aufrichtigkeit anvertrauen? Daß mein Freund oft nicht wartet, bis ich seine Fehler entdecke, sondern daß er sie mir eher sagt? Daß er haben will, daß ich so strenge gegen ihn sein soll, als er gegen sich selbst ist? (Welcher Rechtschaffne ist nicht streng gegen sich selbst?) Daß er überzeugt ist, daß ich auch alsdann, wenn ich ihm meine Neigung am lebhaftesten ausdrücke, die heilige Freundschaft nicht durch das Geringste von dem, was zur Schmeichelei gehört, entweihe? Ich kann mich wohl aus Liebe zu meinem Freunde irren; aber schmeicheln kann ich ihm nicht! Daß uns keine Freude natürlicher ist, als die Freude, uns zu sehen? Und daß wir uns besonders deswegen gern oft sehen, weil wir gern oft von Gott und der Religion miteinander sprechen? Daß wir einander über diese höchstwichtige Sache immer mehr aufklären, und uns bei der Hand unserm gemeinschaftlichen *letzten Endzwecke* zuführen? Wer die Heiterkeit, diese Ruhe und oft diese Hoheit der Seele nicht kennt, die bei solchen Unterredungen die Freundschaft gibt wie wenig Glückseligkeit kennt der!

Vielen wird alles dieses zu ernsthaft vorkommen. Aber sind denn keine *ernsthafte* Freuden? Und wenn keine wären; wo ist der Scherz scherzhafter, als unter Freunden? Wo kann man sich demjenigen fröhlichen Humeur, welches dem Scherze sein eigentliches Leben gibt, freier überlassen? Unter bloßen Bekannten sucht der Scherzende mehr zu brillieren, als zu vergnügen; er muß überdies immer in den Ketten gewisser Zurückhaltungen gehn, die das, was er sagt, entkräften.

Ein Tanz, der in einer muntern Gesellschaft durch die Freude, in der man ist, unvermerkt veranlasset wird; und ein prächtiger Ball, auf dem so mancher steife Tänzer schimmern will, und der natürliche bisweilen muß, sind zwei ebenso verschiedne Sachen, als der Scherz unter Freunden, und unter Bekannten.

II

Ich habe Ihnen, schreibt mir einer meiner neuesten Korrespondenten, eine Anmerkung über Ihr Blatt von der Freundschaft zu machen, von welcher ich glaube, daß sie Ihnen nicht ganz unerheblich vorkommen wird. Ich denke wie Sie über die Freundschaft; ob ich gleich nicht so glücklich bin, Freunde zu haben: allein ich muß Ihnen ohne weitere Umstände gestehen, daß ich den *Umgang der großen Welt* der Freundschaft beinahe völlig an die Seite setze. Wenn ich vom Umgange der großen Welt rede; so verstehe ich alles dasjenige darunter, was die *Politesse* nur Einnehmendes haben kann; und ich nehme dieses Wort zugleich in dem ganzen Umfange, in dem es ein Franzose braucht, der selber *poli* ist, und also von der Sache urteilen kann. Sie wissen, es ist alsdann ein *vielbedeutendes Wort.* Dieses vorausgesetzt, behaupte ich, daß die Freundschaft nur sehr wenige und vielleicht nicht allzugroße Vorzüge von jenem Umgange habe.

Wie angenehm ist es, sich nicht allein niemals etwas, das auch nur von ferne einigermaßen beleidigen könnte, sondern fast immer etwas zu sagen, das die Süßigkeit der feinen Schmeichelei hat, ohne ihren Gift zu haben; das uns, ohne uns in den Wolken schweben zu lassen, immer ein wenig über uns selbst erhebt, und uns in einem sanften Vergnügen über uns selbst auf eine reizende Art unterhält.

Ich weiß nicht, Freunde, (ohne von denen zu reden, die gar familiär gegeneinander sind) Freunde sind zu naiv gegen einander. Sie sagen es sich so gerade heraus, daß sie sich lieben. Das nenne ich eine *harte Art,* wenn man es sich so sagt. Zeichnung mögen sie wohl haben; aber Kolorit haben sie nicht.

Ich kann Ihnen nicht sagen, was es mir für ein Vergnügen macht, wenn ich in Gesellschaft von Leuten bin, die sich alles, was sie sich sagen, auf eine so glückliche Art zuwägen, daß man es gar nicht merkt, daß sie die Waagschal in der Hand haben. Ein halbes Wort, das der andre sagt, der Anfang einer Miene wird hier zu Gewicht und verändert die Waagschal. Jeder kleine Umstand des Wohlstandes oder der Wendung, welche die Unterredung nimmt, hat hier seine Einflüsse. Federn ziehn nieder. Welch Vergnügen, in einer solchen Gesellschaft zu sein, und selbst wägen zu können!

Freunde hingegen, ob sie gleich nicht ohne Anstand sprechen, sagen sich immer ihre *völlige* Meinung, und sagen sie fast ohne alle Einkleidung. Verzeihen Sie mir, daß ich das Wort noch einmal brauche, es ist so was Hartes in diesem allen.

Sie werden mir zugeben, man kann nicht immer, am wenigsten in Gesellschaften, von wichtigen Dingen reden; daher müssen der Kunst, Kleinigkeiten zu etwas zu machen, ihre Verdienste gelassen werden. Ich kann Ihnen nicht verbergen, daß mich die glückliche Ausbildung eines Nichts oft sehr hinreißt.

Sie sagen, daß der Scherz nirgends scherzhafter, als unter Freunden sei. Vielleicht ist dies bisweilen wahr. Aber ich rede auch von solchen Kleinigkeiten, die nicht scherzhaft sind. Und Sie werden doch nicht behaupten wollen, daß der freundschaftliche Umgang viel Ansprüche auf ihre Ausbildung zu machen habe?

Ich könnte Ihnen noch viel mehr über diese Sache sagen; aber ein Brief muß auch nicht gar zu lang sein. Überhaupt muß ich Ihnen bekennen, daß ich soviel Geschmack an dem Umgange der großen Welt finde, daß mir der freundschaftliche zwar als eine wünschenswürdige, aber doch nicht als eine so unentbehrliche Sache, als Ihnen, vorkömmt.

Mein Herr,

Wenn Sie mir erlauben wollen mit dem *harten* Tone eines Freundes zu reden; so werde ich Ihren Brief, der mir in gewissen Betrachtungen sehr gefallen hat, umständlich beantworten. Vielleicht schmeichle ich mir nicht zu sehr, wenn ich glaube, daß ich die große Welt und diejenige Politesse kenne, die diesen gewiß nicht wenig bedeutenden Namen verdient. Und vielleicht gestehen Sie mir, nach einer Anmerkung, die ich gleich machen will, diese Kenntnis zu. Wenn man dem Ausdrucke: große Welt, seine Würde lassen will, so ist die Zahl derer, die *eigentlich* dazu gehören, sehr gering. Wie sehr würde man ihm diese Würde nehmen, wenn man den ganzen Schwarm mit dazu rechnen wollte, dem bloß sein Stand und etwas von einer *halbgebildeten* Lebensart den Eintritt erlauben. Wenn Sie diese Anmerkung für wahr halten, so muß sich Ihr Vergnügen, das Sie in Ihren Gesellschaften finden, sehr verringern. Sie werden mir zugestehn, daß ich mich auf Ihre Materie völlig einlasse, wenn ich Ihnen noch sage, daß unter den wenigen, welche die große Welt ausmachen, bisweilen einer ist, der zur Freundschaft und zu jeder andern ernsthaften Sache gemacht, das *Joch* desjenigen Umgangs, der Ihnen so sehr gefällt, zwar bloß *aus Pflicht,* aber zugleich auf eine so glückliche Art trägt, daß er denen, die nur bis auf eine gewisse Weite sehn, Geschmack daran zu haben scheint.

Erlauben Sie mir, daß ich nun ein wenig pünktlich in der Beantwortung Ihres Briefes werde. Ich zweifle sehr, daß irgendeine Art von Schmeichelei ohne Gift sei. Vielleicht hat die feinste, den schlimmsten. Es mag wohl süß genug sein, sich immer ein wenig über sich selbst erhoben zu fühlen; aber – ich sehe wohl, daß ich Ihnen zu streng vorkommen werde; und gleichwohl bin ich es nicht, wenn ich Ihnen sage, daß diese Sache überhaupt sehr moralisch ist, und daß wir uns nicht genug hüten können, die Eitelkeit andrer anzufeuern. Sie hat ohnedies Nahrung genug in sich selbst.

Daß Freunde naiv gegeneinander sind, lassen Sie noch so hingehen; aber daß sie auch familiär miteinander umgehen, das beleidigt in Ihren Augen die feine Gezwungenheit der Politesse zu sehr. Ich sehe wohl, Sie haben niemals Anlaß gehabt, die Anmerkung zu machen, daß die Familiarität der Freundschaft einen gewissen ihr eignen Wohlstand beobachte. Und warum sollte man es sich nicht geradeheraus sagen, daß man sich liebt? *Kann* es die wahre Neigung *anders* sagen? Zeichnung, ich bitte um Verzeihung, daß ich ohne alle Einkleidung rede, Zeichnung haben Sie gar nicht; und Kolorit – es gibt verschiedne Arten derselben, gewiß keine natürliche!

Mir wird ganz angst dabei, wenn ich mir Ihr beständiges *Zuwägen,* wie unvermerkt es auch geschehen mag, recht lebhaft vorstelle. Welch ein Vergnügen, sagen Sie, in einer solchen Gesellschaft zu sein, und selbst wägen zu können. Ich weiß nicht, ich habe immer an der Größe dieses Vergnügens ein wenig gezweifelt. Aber freilich, wenn man selbst wägen kann. Doch sind nur sehr wenige, die es recht können.

Ich weiß nicht zu welchem erniedrigenden Zwange Sie Ihre Seele gewöhnt haben müssen, daß es Ihnen keine angenehme Vorstellung ist, Ihre *völlige* Meinung zu sagen? Wie beseelt es den Umgang der Freundschaft, wenn keiner von seiner Meinung etwas zurückhält; aber zugleich nicht so sehr von derselben ist, daß er unbiegsam sein sollte, sich von stärkern Gründen, als die seinigen sind, überzeugen zu lassen. Wenn ich mir diese *Freimütigkeit,* diese *Biegsamkeit* und die *Freude,* daß unser Freund unsrer Meinung wird, oder daß wir die seinige annehmen, als Gefährtinnen der Freundschaft vorstelle, so denke ich sie mir unter ihren Grazien.

Ohne von der glücklichen Ausbildung eines Nichts jemals hingerissen zu werden, sehe ich sehr wohl ein, daß man nicht immer von wichtigen Dingen reden könne, und daß die Geschicklichkeit, Kleinigkeiten zu etwas zu machen, ihren Wert habe. Aber wie sonderbar ist es, so wie Sie, von einer Geschicklichkeit eingenommen zu werden, deren Anwendung in den meisten Fällen durch die Notdurft veranlaßt wird.

Lernen Sie nur die Freundschaft aus der Erfahrung kennen. Sie hat außer ihren scherzhaften Kleinigkeiten, auch noch andre, die viel interessanter als diejenigen sind, die Ihnen itzt noch so sehr gefallen. Nur die Neigung zu dem, den wir lieben, kann eine Kleinigkeit, die er sagt, über ihre Sphäre erheben, und machen, daß wir Geschmack daran finden, sie zu hören. Wenn wir aber nur in einer Gesellschaft von Bekannten, von guten Bekannten, und von guten Freunden sind; so werden die Kleinigkeiten durch ihre Ausbildung noch kleiner. Wir bemerken, was sie eigentlich sind, desto mehr, je besser das Kleid ist, mit welchem sie ausgeschmückt werden, oder vielmehr in welchem sie sich schleppen; denn es muß ihnen, ihrer Natur nach, immer ein wenig zu groß sein.

Wie aufrichtig ich es mit Ihnen meine, können Sie daraus urteilen, daß ich Ihnen wenigstens einen Freund wünsche. Ich sehe wohl ein, daß Sie nicht bedauert sein wollen; unterdes kann ich mich doch nicht ganz enthalten, Sie so lange ein wenig zu bedauren, bis ich erfahren werde, daß Sie nicht mehr ohne Freunde sind. Machen Sie mir das Vergnügen, mir diese Nachricht, sobald Sie können, zu geben.

CHRISTIAN MORGENSTERN

An den Andern

Ich hatte mich im Hochgebirg verstiegen.
Die Felsenwelt um mich, sie war wohl schön;
doch konnt ich keinen Ausgang mir ersiegen,
noch einen Aufgang nach den lichten Höhn.

Da traf ich Dich, in ärgster Not: den Andern!
Mit Dir vereint, gewann ich frischen Mut.
Von neuem hob ich an, mit Dir, zu wandern,
und siehe da: Das Schicksal war uns gut.

Wir fanden einen Pfad, der klar und einsam
empor sich zog, bis, wo ein Tempel stand.
Der Steig war steil, doch wagten wir's gemeinsam …
Und heut noch helfen wir uns, Hand in Hand.

Mag sein, wir stehn an unsres Lebens Ende
noch unterm Ziel, – genug, der Weg ist klar!
Daß wir uns trafen, war die große Wende,
aus zwei Verirrten ward ein wissend Paar.

PAUL HEYSE

Freunde

»Freund in der Not« will nicht viel heißen;
Hilfreich möchte sich mancher erweisen.
Aber die neidlos ein Glück dir gönnen,
Die darfst du wahrlich »Freunde« nennen.

JOHANN GOTTFRIED HERDER

An die Freundschaft

Nach dem Spanischen

Heil'ge Freundschaft, die auf Engelsflügeln
Sich emporschwang zu den sel'gen Hügeln,
Unser Erdenland verließ
Und ging auf ins Väter-Paradies;

Wo sie noch aus guten Mutterhänden
Uns ihr Kind zuweilen her will senden,
Liebe, die auch irre geht
Und für Treue öfters Reu empfäht;

Holde Freundschaft, kehr, o kehre wieder,
Hand- und Herzen-bindend, zu uns nieder!
Ohne dich ist alles leer,
Auch die Liebe selbst nicht Liebe mehr.

Wenn du Dich uns länger, länger raubest
Und dein Bild dem süßen Trug erlaubest:
O so wird Dein Menschenreich
Bald dem wüsten wilden Chaos gleich.

SIMON DACH

Lied der Freundschaft

Der Mensch hat nichts so eigen,
So wohl steht ihm nichts an,
Als daß er Treu erzeigen
und Freundschaft halten kann;
Wann er mit seinesgleichen
Soll treten in ein Band,
Verspricht sich nicht zu weichen,
Mit Herzen, Mund und Hand.
Die Red' ist uns gegeben,
Damit wir nicht allein
Für uns nur sollen leben
Und fern von Leuten sein;
Wir sollen uns befragen
Und sehn auf guten Rat,
Das Leid einander klagen,
So uns betreten hat.
Was kann die Freude machen,
Die Einsamkeit verhehlt?
Das gibt ein doppelt Lachen,
Was Freunden wird erzählt.
Der kann sein Leid vergessen,
Der es von Herzen sagt;
Der muß sich selbst zerfressen,
Der in geheim sich nagt.
Gott stehet mir vor allen,
Die meine Seele liebt;
Dann soll mir auch gefallen,
Der mir sehr herzlich gibt;
Mit diesen Bundsgesellen
Verlach' ich Pein und Not,

Geh' auf den Grund der Höllen
Und breche durch den Tod.
   Ich hab', ich habe Herzen
So treue, wie gebührt,
Die Heuchelei und Schmerzen
Nie wissentlich berührt;
Ich bin auch ihnen wieder
Von Grund der Seelen hold,
Ich lieb' euch mehr, ihr Brüder,
Als aller Erden Gold.

An Adolph Selmnitz

Was paßt, das muß sich ründen,
Was sich versteht, sich finden,
Was gut ist, sich verbinden,
Was liebt, zusammensein.
Was hindert, muß entweichen,
Was krumm ist, muß sich gleichen,
Was fern ist, sich erreichen,
Was keimt, das muß gedeihn.

Gib traulich mir die Hände,
Sei Bruder mir und wende
Den Blick vor Deinem Ende
Nicht wieder weg von mir.
Ein Tempel – wo wir knieen –
Ein Ort – wohin wir ziehen
Ein Glück – für das wir glühen
Ein Himmel – mir und dir.

Von der Freundschaft

Dieses ist das Steckenpferd aller dichterischen Moralisten, und hierin suchen sie Nectar und Ambrosia. Die Menschen werden / von 2 Triebfedern bewegt; eine ist von ihnen selbst hergenommen und das ist die Triebfeder der Selbstliebe; die andre ist die moralische Triebfeder, die von andern hergenommen ist und das ist die Triebfeder der allgemeinen Menschenliebe. Diese 2 Triebfedern sind bey dem Menschen im Streit. Die Menschen würden andre lieben und ihr Glück besorgen, wenn sie nicht die Absichten ihrer Selbstliebe auszuführen hätten. Von der andern Seite sehn sie auch, daß die Handlungen der Selbstliebe kein moralisches Verdienst haben, sondern nur durch die moralischen Gesetze an sich erlaubt sind. Dagegen ist es ein großes Verdienst, wenn der Mensch durch allgemeine Menschenliebe bewogen wird, das Glück andrer zu befördern. Nun hält aber der Mensch besonders darauf, was seiner Person einen Werth giebt. Aus dieser Idee fließt die Freundschaft. Wie fange ichs aber nun an? Soll ich zuerst aus der Selbstliebe mein Glück besorgen, und hernach wenn es besorgt ist, das Glück / anderer zu befördern suchen? Allein, alsdenn wird das Glück anderer hintenangesetzt und die Neigung zu meinem Glück wächst immer stärker, so, daß ich niemals in der Besorgung meines Glücks zum Ende komme, und auf solche Art das fremde gar unterbleibt. Fange ich aber zuerst an, des andern sein Glück zu besorgen, so bleibt mein Glück zurück. Wenn aber die Menschen alle so gesinnt sind, daß jeder für das Glück des andern sorgt, so wird jedes Wohlfahrt durch den andern besorgt; wenn ich wüßte, daß andre für mein Glück so sorgten, wie ich vor anderer ihres sorgen möchte, so müßte ich in einer Besorgung meines Glücks nicht zu kurz kommen, denn das würde mir dadurch ersetzt, daß ich das Glück des andern besorgte, also würden wir unsre Wohlfahrt vertauschen und keiner würde Schaden leiden; denn so gut er das Glück des andern besorgt, so besorgt der andre sein Glück eben so gut. Es scheint als wenn der Mensch verliehrt, wenn er für das Glück des andern sorgt; allein, wenn andre wieder für ihn sorgen, / so verliehrt er nichts. Alsdenn würde jedes sein Glück durch die Großmuth des andern befördert, dieses ist die Idee der Freundschaft, wo die Selbstliebe verschlungen ist in der Idee der großmüthigen Wechselliebe. Wenn wir nun wieder die andre Seite nehmen, wo jeder sein eignes Glück besorgt und gleichgültig ist gegen andre, so ist zwar freylich jeder befugt sein Glück zu besorgen. Dieses ist zwar nur eine Erlaubniß der moralischen Regel, aber kein Verdienst; wenn jeder nur das Glück des andern nicht gehindert hat, indem er sein eignes besorgte, so hat er zwar kein moralisch Verdienst, aber auch kein moralisch Verbrechen. Wenn wir nun wählen sollten, was würden wir wählen? Freundschaft oder Selbstliebe? Aus moralischen Gründen würden wir die Freundschaft wählen, aber aus praktischen die Selbstliebe, denn keiner könnte doch mein Glück so gut besorgen / als ich. Wenn ich aber eines von beyden nehme, so ist doch immer was fehlerhaftes. Wähle ich bloße Freundschaft, so leidet dadurch mein Glück; wähle ich bloße Selbstliebe, so ist darin kein moralisches Verdienst und Werth. Die Freundschaft ist eine Idee, weil sie nicht aus der Erfahrung abgezogen ist, indem sie da sehr mangelhaft ist, sondern in dem Verstande ihren Sitz hat, in der Moral aber sehr nöthig ist. Bey dieser Gelegenheit können wir merken, was eine Idee und was ein Ideal ist. Wir haben ein Maaß nöthig, wornach wir die Grade schätzen können. Dieses Maaß ist entweder willkührlich, wenn nähmlich die Größe nach Begriffen a priori nicht bestimmt ist, oder ein natürliches Maaß, wenn die Größe nach Begriffen a priori bestimmt ist. In Ansehung der Größen, so fern sie a priori bestimmt werden, welches ist da das bestimmte Maaß, nach welchem wir / sie schätzen können? Ihr Maaß ist immer das größeste; so fern dieses größeste ein Maaß in Ansehung anderer Größen ist, die minder sind, so ist dieses

Maaß eine Idee, so fern es aber ein Muster anderer ist, so ist es ein Ideal. Wenn wir nun die liebreichen Neigungen der Menschen gegen einander nehmen, so sind da viele Grade und Proportionen in Ansehung derer, die ihre Liebe unter sich und unter andern vertheilen. Das Maximum der Wechselliebe ist die Freundschaft und diese ist eine Idee, denn sie dient zum Maaß, die Wechselliebe zu bestimmen. Die größte Liebe gegen andre ist die, wenn ich ihn so liebe als mich selbst, ich kann einen andern nicht mehr lieben als mich; wenn ich ihn aber so lieben will als mich, so kann ich dieses nicht anders thun, als wenn ich versichert bin, daß mich der andre eben so lieben wird als sich, / alsdenn wird mir das ersetzt, was ich mir selbst entgehn lasse, ich reokkupire mich selbsten dadurch. Diese Idee der Freundschaft dient dazu, daß wir dadurch die Freundschaft bestimmen können und sehen, wie viel daran noch fehlt. Wenn daher Sokrates sagte: Meine lieben Freunde, es giebt keine Freunde, so heißt das so viel, keine Freundschaft congruirt mit der Idee der Freundschaft; darin hat er also recht, denn es ist auch nicht möglich. Die Idee ist aber was wahres. Wenn ich bloß Freundschaft wähle, und des andern Glück allein besorge, in der Versicherung, der andre besorgt auch mein Glück eben so; so ist dieses zwar eine Wechselliebe, wodurch ich wieder ersetzt werde. Hier würde jeder das Glück des andern aus Großmuth besorgen, ich werfe mein Glück nicht weg, sondern ich habe es nur in andern Händen, indem ich / des andern seines in meinen Händen habe; allein diese Idee ist nur gut in der Reflection, aber unter den Menschen findet solches nicht statt. Wenn nun aber jeder nur allein für sich sorgte, ohne für den andern bekümmert zu seyn, so würde gar keine Freundschaft statt finden. Also muß beydes unter einander gemischt seyn. Der Mensch sorgt für sich und auch für das Glück anderer. Weil hier aber die Grenzen nicht bestimmt sind und der Grad nicht bezeichnet werden kann, wie weit ich für mich und wie weit ich für andre sorgen soll, so läßt sich das Maaß in der freundschaftlichen Gesinnung durch kein Gesetz und Regel bestimmen. Ich bin verbunden für meine Bedürfnisse und für die Zufriedenheit des Lebens zu sorgen; wenn ich nun das Glück des andern nicht anders, als / durch Aufgebung meiner Bedürfniße und Zufriedenheit des Lebens besorgen kann, so kann mich keiner verpflichten alsdenn das Glück des andern zu besorgen, und die Freundschaft gegen ihn auszuüben. Indem aber jedes seine Bedürfnisse steigen können und jeder sich so viel zur Bedürfniß machen kann als er will, so läßt sich hier der Grad nicht bestimmen, unter welcher Aufhebung der Bedürfnisse nur allein die Freundschaft statt finden kann; denn es ist vieles von unsern Bedürfnissen, die wir uns zur Bedürfniß gemacht haben, so beschaffen, daß wir viele derselben gegen unsern Freund aufopfern können. Die Freundschaft wird eingetheilt: in die Freundschaft der Bedürfnisse, in die Freundschaft des Geschmacks und in die Freundschaft der Gesinnung. Die Freundschaft / der Bedürfnisse ist, nach welcher die Personen in Ansehung ihrer Bedürfnisse des Lebens sich einander eine wechselseitige Vorsorge vertrauen können. Dieses ist der erste Anfang der Freundschaft unter den Menschen gewesen. Sie findet aber nur in dem rohesten Zustande am meisten statt. Wenn daher Wilde auf die Jagd gehn und sie stehn in Freundschaft, so steht einer für die Bedürfniße des andern, einer sucht die Bedürfnisse des andern zu befördern. Je weniger die Menschen Bedürfnisse haben, desto mehr haben sie solche Freundschaft; denn wenn der Mensch in dem Zustande des Luxus ist, wo er viele Bedürfnisse hat, denn hat er auch viele eigene Angelegenheiten, und alsdenn kann er sich desto weniger mit den Angelegenheiten anderer beschäftigen, weil / er mit sich zu thun hat. In dem Zustand des Luxus findet also solche Freundschaft nicht statt, ja man will nicht einmal in diesem Zustand solche Freundschaft haben; denn wenn der eine weiß, daß die Absicht des andern in der Freundschaft diese ist, daß er einige Besorgung der Bedürfnisse durch diese Freundschaft erreichen will, so wird die Freundschaft unintereßant, und denn wird sie auch aufgehoben. Ist diese Freundschaft activ, das heißt, wenn der eine wirklich die Bedürfnisse des andern besorgt, so ist sie großmüthig; aber der paßive Theil, der darauf ausgeht, solches von andern zu erreichen, ist sehr ungroßmüthig. Demnach wird keiner seinem Freunde durch seine Angelegenheiten Ungemächlichkeiten verursachen, sondern jeder wird lieber sein Uebel selbsten ertragen, als daß er seinen Freund damit belästige. Sobald also die Freundschaft unter 2 Personen / von beyden Seiten edel ist, so abhorrirt jeder davon. Keiner wird dem andern durch seine Angelegenheiten Ungemächlichkeiten verursachen. Jedoch aber müssen wir doch in jeder Freundschaft diese Freundschaft der Bedürfnisse voraus setzen, aber nicht um sie zu genießen, sondern zu vertrauen, d.h. ich muß von jedem meinem wahren Freunde das Vertrauen haben, daß er im Stande wäre mir meine Angelegenheiten zu besorgen, um meine Bedürfnisse zu befördern, nur ich muß solches von ihm nicht fodern, um es zu genießen. Das ist ein wahrer Freund, von dem ich weiß und voraussetzen kann, daß er mir wirklich in der Noth helfen werde; weil ich aber auch ein wahrer Freund von ihm bin, so muß ich ihm solches nicht anmuthen und ihn in solche Umstände und Verlegenheit setzen, / ich muß solches nur ihm vertrauen, aber nicht fodern und lieber selbst erdulden, als den andern damit belästigen. Der andre muß solches Vertrauen auch wieder auf mich setzen, aber eben so wenig solches fodern. Also das Vertrauen auf die wohlwollende Gesinnung des andern und auf die beystehende Freundschaft bey unsern Bedürfnissen wird vorausgesetzt, obgleich ein andrer Grundsatz ist, laut dem wir solches nicht können mißbrauchen. Weil mein Freund so großmüthig ist, daß er solche gute Gesinnungen gegen mich hat, mir wohl zu wollen, und in aller Noth beyzustehn, so muß ich auch so großmüthig seyn und solches nicht von ihm fodern. Die Freundschaft, die sich so weit erstrecket, daß man dem andern mit seinem Schaden hilft, ist sehr selten und auch sehr delicat und fein. Die Ursache ist diese: Weil man / dem andern solches nicht anmuthen kann. Das süßeste und delicateste der Freundschaft sind die wohlwollende Gesinnungen; diese muß aber der andere nicht zu verringern suchen, weil das delicate der Freundschaft nicht darin besteht, daß ich sehe in des Freundes Geldkasten liegt auch ein Schilling für mich. Die andere Ursache ist aber, weil das Verhältniß geändert wird. Das Verhältniß der Freundschaft ist das Verhältniß der Gleichheit; wenn nun aber ein Freund dem andern mit seinem Schaden hilft, so ist er mein Wohlthäter gewesen, und ich bin in seiner Schuld; ist dieses aber, so bin ich dadurch blind gemacht, und kann ihm nicht mehr so dreist unter die Augen sehn, also ist da schon das wahre Verhältniß aufgehoben, und denn ist es keine Freundschaft mehr. Die Freundschaft des Geschmacks ist ein Analogon der Freundschaft und bestehet im Wohlgefallen am Umgange und wechselseitiger / Gesellschaft und nicht an der Glückseeligkeit des einen und des andern. Zwischen Personen von einerley Stande oder Gewerbe findet die Freundschaft des Geschmacks nicht so statt als zwischen Personen von verschiedenem Metier, so wird ein Gelehrter mit einem andern in keiner Freundschaft des Geschmacks stehn, denn der eine kann dasselbe, was der andre kann; sie können sich nicht satisfaciren und unterhalten; was der eine weiß, das weis der andre auch; aber ein Gelehrter mit dem Kaufmann oder Soldaten kann wohl in der Freundschaft des Geschmacks stehn; wenn der Gelehrte nur kein Pedant und der Kaufmann kein dummer Kerl ist, denn kann der eine den andern unterhalten, jeder von seiner Sache; denn die Menschen sind nur durch das verbunden, was der eine zur Bedürfniß des andern beytragen kann, nicht durch das, was der andre schon hat, sondern wenn / der eine das besitzt, was dem andern den Mangel ersetzt, also nicht durch die Einerleyheit, sondern durch die Verschiedenheit. Die Freundschaft der Gesinnung und des Sentiments kann im Deutschen nicht so recht ausgedruckt werden. Es sind Gesinnungen der Empfindung und nicht der wirklichen Dienstleistungen. Die Freundschaft des Sentiments gründet sich darauf: Es ist besonders, daß wir, wenn wir auch im Umgange und in der Gesellschaft stehn, noch nicht gänzlich in der Gesellschaft stehn. In jeder Gesellschaft ist man zurückhaltend mit dem größten Theil seiner Gesinnung; man schüttet nicht so gleich alle seine Empfindungen, seine Gesinnungen, und seine Urtheile aus. Jeder urtheilt so, wie es nach Umständen rathsam ist; es ruhet auf jedem ein Zwang; jeder hegt ein Mißtraun gegen andre, worauf denn eine Zurückhaltung erfolgt, laut der wir / entweder unsere Schwäche verheelen, um nicht gering geschäzt zu werden; aber auch unsre Urtheile zurückhalten. Wenn wir uns aber von diesem Zwange entledigen können, wenn wir das, was wir empfinden, dem andern zukommen lassen, denn sind wir gänzlich in Gesellschaft. Damit also ein jeder von diesem Zwange loswerden könnte, so verlangt jeder einen Freund, dem er sich eröffnen kann, gegen den er ganz seine Gesinnungen und Urtheile ausschütten kann; dem er nichts verheelen kann und darf; dem er sich völlig communiciren kann. Hierauf beruht also die Freundschaft der Gesinnungen und der Geselligkeit. Hiezu haben wir einen großen Trieb, um sich zu eröfnen, und ganz in Gesellschaft zu seyn. Dieses kann aber nur in Gesellschaft eines oder 2er Freunde seyn. Ferner, so haben die / Menschen es auch nöthig sich zu eröfnen, denn dadurch können sie nur ihre Urtheile reflectiren. Wenn ich einen solchen Freund habe, von dem ich weiß, er hat eine aufrichtige Gesinnung, er ist liebreich, er ist nicht hämisch, nicht falsch, der wird mich schon in meinem Urtheile zurechthelfen, wenn ich geirret habe. Dieses ist der ganze Zweck des Menschen, was ihn seines Daseyns geniessen läßt. Es frägt sich: Ob in solcher Freundschaft Zurückhaltung nöthig ist? Ja, aber nicht so wohl um sein selbst, als um des andern Willen; denn die Menschen haben Schwachheiten und die muß man auch gegen seinen Freund verheelen. Die Vertraulichkeit betrifft nur die Gesinnung und die Sentiments, aber nicht den Anstand, den muß man doch beobachten und seine Schwäche hierin zurückhalten, damit die Menschheit nicht dadurch verletzt werde. Man muß sich seinem besten Freunde nicht so entdecken, als / man natürlich ist und sich kennt, denn sonst würde das ekelhaft seyn. In welchem Grad verbeßert es die Menschen, wenn sie Freundschaft machen? – Die Menschen machen sich nicht allgemein mit ihrem Wohlwollen, sondern mögen sich gern darin restringiren auf einen kleinen Zirkel. Die Menschen haben Lust, eine Sekte, eine Parthei, eine Gesellschaft zu flechten. Die erstern Gesellschaften sind, die aus der Familie entspringen, daher einige nur allein in der Familie verkehren. Andre Gesellschaften werden durch Sekten, Religionspartheien etc. gestiftet, wodurch sie sich unter einander verbinden. Dies ist etwas rühmliches, es hat den Anschein, als wenn sich dies Menschen bemühn in Verbindung ihre Empfindungen, ihre Urtheile etc. zu cultiviren; allein es bringt die Wirkung hervor, daß das menschliche Herz gegen die, die ausser diesen Gesellschaften sind, sich verschließt, z.E. in der Religions-Parthei. / Was aber das Allgemeine des Wohlwollens verringert, und das Herz gegen andre verschließt, das schwächt die wahre Bonität der Seele, welche aufs allgemeine Wohlwollen hinausläuft. Die Freundschaft ist also eine Nothhülfe, sich von dem Zwang, dem man sich aus Mißtrauen ergiebt, gegen Personen, mit denen man in Verbindung steht, zu entdecken, und denselben sich ohne Zurückhaltung zu eröffnen. Allein, wenn wir in solcher Freundschaft stehn, so müssen wir uns hüten, unser Herz gegen andre zu verschließen, die nicht in unsrer Gesellschaft stehn. Freundschaft findet nicht im Himmel statt, denn Himmel ist die größte Moralische Vollkommenheit, und diese ist allgemein; Freundschaft ist aber eine besondre Vereinigung gewisser Personen; also ist dieses nur in der Welt eine Zuflucht, seine Gesinnung dem andern zu eröffnen, und sich ihm zu communiciren, indem man hier in Mistrauen gegen einander steht. / Wenn Menschen über den Mangel der Freundschaft klagen, so kommt solches daher, weil sie kein freundschaftliches Herz und Gesinnungen haben und denn sagen sie, die andren sind keine Freunde; solche haben immer was von ihren Freunden zu fodern und sie zu belästigen. Ein anderer der das nicht nöthig hat, entzieht sich der Freundschaft solcher Personen. Allein die allgemeine Klage des Mangels der Freunde ist eben so als die allgemeine Klage des Mangels an Gelde. Je mehr die Menschen gesittet werden, desto allgemeiner werden sie, und desto weniger finden die besondern

Freundschaften statt. Der Gesittete sucht eine allgemeine Freundschaft und Annehmlichkeit, ohne besondre Verbindung zu haben. Je mehr Wildheit in den Sitten herrscht, destomehr sind solche Verbindungen nöthig, die man sich nach seinen Gesinnungen und Geschmack aussucht. Solche Freundschaft / sezt von beyden Theilen Schwachheiten voraus, daß von keiner Seite dem andern kann ein Vorwurf gemacht werden; wo aber einer dem andern was nachzusehen hat, wo sich keiner was vorzuwerfen hat, denn ist unter beyden Gleichheit, und keiner kann sich dem andern vorziehn. Worauf beruht es denn bey der Zusammenpaßung und Verbindung der Freundschaft? Hierzu wird nicht die Identitaet des Denkens erfordert, im Gegentheil errichtet vielmehr die Verschiedenheit die Freundschaft, denn da ersetzt der eine das, was dem andern fehlt, aber in einem Stück müssen sie übereinkommen: Sie müssen gleiche Principia des Verstandes und der Moralität haben, denn können sie sich complet verstehn; sind sie darin nicht gleich, so können sie gar nicht mit einander / einig werden, weil sie im Urtheil weit aus einander sind. Jeder suche, daß er würdig sey ein Freund zu seyn; dieses kann er durch rechtschaffene Gesinnung, Offenherzigkeit, Vertraulichkeit, durch ein Verhalten, das von Bosheit und Falschheit frey ist; aber mit Munterkeit, Lieblichkeit, Fröhlichkeit des Gemüths verbunden ist. Dieses macht uns zu Gegenständen, die einer Freundschaft würdig sind. Hat man sich würdig gemacht, ein Freund zu seyn, so wird sich schon einer oder der andre finden, der an uns einen Geschmack haben und uns zum Freunde wählen wird, bis diese Freundschaft durch eine nähere Verbindung immer mehr und mehr zunimmt. Freundschaft kann auch ein Ende nehmen, denn die Menschen können sich nicht durchschauen, sie finden oft das / nicht, was sie an den andern vermutheten und suchten. Bey Freundschaften des Geschmacks verliert sich die Freundschaft, weil sich der Geschmack durch die Länge verliert und auf neue Gegenstände verfällt, und denn verdrängt einer den andern. Die Freundschaft aus Gesinnung ist rar, weil die Menschen selten Grundsätze haben. Es hört demnach die Freundschaft auf, weil es keine Freundschaft der Gesinnung war. In Ansehung der vorigen Freundschaft muß man folgendes merken. Man muß Achtung vor dem Namen der Freundschaft haben, und wenn auch unser Freund wodurch Feind geworden ist, so müßen wir doch die vorige Freundschaft veneriren und nicht zeigen daß wir des Hasses fähig sind. Es ist nicht allein an sich schlecht, / von seinem Freunde nachtheilig zu sprechen, indem man dadurch beweist, daß man keine Achtung vor der Freundschaft hat, daß man in der Wahl seines Freundes schlecht gehandelt hat, und daß man jezt gegen ihn undankbar ist, sondern es ist auch wider die Regel der Klugheit; denn diejenige gegen die er solches spricht, denken, es kann ihnen auch so gehn, wenn sie seine Freunde werden, und sich hernach erzürnen und machen also keine Freundschaft. Gegen den Freund hat man sich aufzuführen, daß es uns nicht schadet, wenn er unser Feind wäre, wir müssen ihm nichts in die Hände geben. Zwar muß man nicht voraussetzen, daß er unser Feind werden kann, denn sonst wäre keine Vertraulichkeit. Wenn man sich aber seinem Freunde / ganz überläßt, und ihm alle Geheimniße anvertrauet, die mein Glück verringern möchten, die er ausplaudern möchte, wenn er mein Feind würde, so ist dies sehr unvorsichtig ihm solche anzuvertrauen, denn er könnte solche theils aus Unvorsichtigkeit ausplaudern, theils könnte er uns dadurch schaden, wenn er unser Feind würde. Wer einen hitzigen Menschen zum Freunde hat, der, wenn er aufgebracht ist, uns wohl an den Galgen bringen möchte, so bald er aber besänftigt ist, selbst abbittet, solchem muß man nichts in die Hände geben. Es frägt sich, ob man von jedem Menschen ein Freund seyn kann? – Die allgemeine Freundschaft ist, ein / Menschen Freund überhaupt zu seyn, ein allgemeines Wohlwollen gegen jedermann zu haben; aber jedermanns Freund zu seyn, das geht nicht an, denn wer ein Freund von allen ist, hat keinen besondern Freund; die Freundschaft ist aber eine besondere Verbindung. Allein, man könnte doch von einigen sagen, daß sie Freunde von Jedermann sind, wenn sie fähig sind, mit jedermann Freundschaft zu machen. Solche Weltbürger giebts nur wenige, sie sind von guter Gesinnung und geneigt alles auf die beste Seite auszulegen. Diese Gutherzigkeit mit Verstand und Geschmack verbunden, macht einen allgemeinen Freund aus. Dies ist schon ein großer Grad der Vollkommenheit. Aber die Menschen sind doch sehr geneigt, besondre Verbindungen zu machen. Die Ursache ist, weil der Mensch vom Besonderen anfängt, und zum allgemeinen fortgeht, und denn ist/ es auch ein Trieb der Natur. Ohne Freund ist der Mensch ganz isolirt. Durch die Freundschaft wird die Tugend im Kleinen cultivirt.

FRED ENDRIKAT

Hymne an die Lebensfreude

Ihr Freunde, hebet die Pokale.
Das Gläserklirren hör' ich gern.
Stoßt an mit einer rauhen Schale
und sucht in ihr des Pudels Kern.

Bei uns wird nicht gesplitterrichtet.
Probleme sind unwesentlich.
Hier wird gesungen und gedichtet.
Wem es nicht paßt, der trolle sich.

Nur keine überspitzten Faxen.
Wir reden von der Leber weg,
so wie der Schnabel uns gewachsen,
und meiden den verschmockten Dreck.

Gewiß, es ist zu allen Zeiten
so grundverschieden der Geschmack.
Der eine lauscht dem Klang der Saiten,
der andre liebt den Dudelsack.

Wir freuen uns an allen Tönen,
wenn sie nur klingen klar und rein.
Erbauen uns an all dem Schönen,
selbst wenn es noch so winzig klein.

Der Spatz tschilpt auf dem Mist sein Liedchen,
doch es ist echte Melodie.
Im Gras ein Gänseblumenblütchen
bringt schönste Frühlingspoesie.

So ist's im großen wie im kleinen:
Die Liebe adelt Mensch und Ding.
Nur große Nullen, die verneinen
und schätzen Gott und Welt gering.

So leben wir in jungen Jahren,
daß wir es später nicht bereun,
und können uns mit weißen Haaren
an einem Märchenbuch erfreun.

Es gibt im Leben soviel Sachen,
die dünken mich skurril, bizarr.
Wenn nur die Narren dürfen lachen,
dann bin ich wohl der größte Narr.

Du herrlich schönes Weltgebäude,
dir widmen wir zum Dank den Toast
für jedes Stücklein Lebensfreude.
In diesem Sinne, Freunde, Prost!

Wo man Liebe sät, da wächst Freude.

HEINRICH HEINE

Im wunderschönen Monat Mai,
Als alle Knospen sprangen,
Da ist in meinem Herzen
Die Liebe aufgegangen.

Im wunderschönen Monat Mai,
Als alle Vögel sangen,
Da hab' ich ihr gestanden
Mein Sehnen und Verlangen.

Freudvoll
und leidvoll,
gedankenvoll sein,
Langen
und bangen
in schwebender Pein,
Himmelhoch jauchzend,
zum Tode betrübt,
Glücklich allein
ist die Seele, die liebt.

GOTTFRIED AUGUST BÜRGER

Abendphantasie eines Liebenden

In weiche Ruh' hinabgesunken,
Unaufgestört von Harm und Noth,
Vom süßen Labebecher trunken,
Den ihr der Gott des Schlummers bot,
Noch sanft umhallt vom Abendliede
Der Nachtigall, im Flötenton,
Schläft meine Molly-Adonide
Nun ihr behäglich Schläfchen schon.

Wohlauf, mein liebender Gedanke,
Wohlauf, zu ihrem Lager hin!
Umwebe, gleich der Epheuranke,
Die engelholde Schläferin!
Geneuß der übersüßen Fülle
Vollkommner Erdenseligkeit,
Wovon zu kosten noch ihr Wille,
Und ewig, ach! vielleicht, verbeut! –

Ahi! Was hör ich? – Das Gesäusel
Von ihres Schlummers Odemzug!
So leise wallt durch das Gekräusel
Des jungen Laubes Zephyrs Flug.
Darunter mischt sich ein Gestöhne,
Das aus entzücktem Busen geht,
Wie Bienensang und Schilfgetöne,
Wenn Abendwind dazwischen weht.

O, wie so schön dahin gegossen,
Umleuchtet sie das Mondeslicht!
Die Blumen der Gesundheit sprossen

Auf ihrem schönen Angesicht.
Ihr Lenzgeruch wallt mir entgegen,
Süß, wie bei stiller Abendluft,
Nach einem milden Sprüheregen,
Der Moschus-Hyazinthe Duft.

Mein ganzes Paradies steht offen.
Die offnen Arme, sonder Zwang,
Was lassen sie wohl anders hoffen,
Als herzenswilligen Empfang?
Oft spannt und hebt sie das Entzücken,
Als sollten sie jetzt ungesäumt
Den himmelfrohen Mann umstricken,
Den sie an ihrem Busen träumt. –

Nun kehre wieder! Nun entwanke
Dem Wonnebett! Du hast genug!
Sonst wirst du trunken, mein Gedanke,
Sonst lähmt der Taumel deinen Flug.
Du loderst auf in Durstesflammen! –
Ha! wirf ins Meer der Wonne dich!
Schlagt, Wellen, über mir zusammen!
Ich brenne! brenne! Kühlet mich!

GOTTHOLD EPHRAIM LESSING

Lied aus dem Spanischen

Gestern liebt' ich,
Heute leid' ich,
Morgen sterb' ich:
Dennoch denk' ich
Heut' und morgen
Gern an gestern.

Aus dem Liebesfrühling

Sie sah den Liebsten schweigend an,
Sie sucht' ein Wort, auf das sie sann.
Sie dachte und in Duft zerfloß
Des Denkens Faden, den sie spann.

Empfindung tauchte auf, als wie
Die Nymph' aus Fluthen dann und wann.
Und tauchte wieder in die Fluth,
Als ob es sie zu reu'n begann.

Die Seele war der Knospe gleich,
Die will und sich nicht aufthun kann.
Sie lächelte, als staunte sie
In sich ein holdes Räthsel an.

Sie athmete, als ob aufs Herz
Ihr drück' ein süßer Zauberbann.
Sie blickte wie nach einem Traum,
Der schwimmend nicht Gestalt gewann.

Sie flüsterte, es war kein Wort,
Ein Hauch nur, der in Duft zerrann.
Sie flüstert' ihm das Wort in's Herz:
Du bist ein sehr geliebter Mann.
Du bist ein sehr geliebtes Weib.
So sprachen sie und schwiegen dann.

HEINRICH HEINE

Ich halte ihr die Augen zu
Und küß sie auf den Mund;
Nun läßt sie mich nicht mehr in Ruh,
Sie fragt mich um den Grund.

Von Abend spät bis Morgens früh,
Sie fragt zu jeder Stund:
Was hältst du mir die Augen zu,
Wenn du mir küßt den Mund?

Ich sag ihr nicht, weshalb ichs tu,
Weiß selber nicht den Grund –
Ich halte ihr die Augen zu
Und küß sie auf den Mund.

Parole

Sie stand wohl am Fensterbogen
Und flocht sich traurig ihr Haar,
Der Jäger war fortgezogen,
Der Jäger ihr Liebster war.

Und als der Frühling gekommen,
Die Welt war von Blüthen verschneit,
Da hat sie ein Herz sich genommen
Und ging in die grüne Haid.

Sie legt das Ohr an den Rasen,
Hört ferner Hufe Klang –
Das sind die Rehe, die grasen
Am schattigen Bergeshang.

Und Abends die Wälder rauschen,
Von fern nur noch ein Schuß,
Da steht sie stille zu lauschen:
»Das war meines Liebsten Gruß!«

Da sprangen vom Fels die Quellen,
Da flogen die Vöglein ins Thal.
»Und wo ihr ihn trefft, ihr Gesellen,
Grüßt mir ihn tausendmal!«

JOHANN WOLFGANG GOETHE

Willkommen und Abschied

Es schlug mein Herz, geschwind zu Pferde!
Es war getan fast eh' gedacht;
Der Abend wiegte schon die Erde
Und an den Bergen hing die Nacht!
Schon stand im Nebelkleid die Eiche
Ein aufgetürmter Riese da,
Wo Finsterniß aus dem Gesträuche
Mit hundert schwarzen Augen sah.

Der Mond von einem Wolkenhügel
Sah kläglich aus dem Duft hervor;
Die Winde schwangen leise Flügel,
Umsaus'ten schauerlich mein Ohr;
Die Nacht schuf tausend Ungeheuer,
Doch frisch und fröhlich war mein Mut;
In meinen Adern welches Feuer!
In meinem Herzen welche Glut!

Dich sah ich, und die milde Freude
Floß von dem süßen Blick auf mich;
Ganz war mein Herz an deiner Seite
Und jeder Atemzug für dich.
Ein rosenfarbnes Frühlingswetter
Umgab das liebliche Gesicht,
Und Zärtlichkeit für mich – Ihr Götter!
Ich hofft' es, ich verdient' es nicht!

Doch ach, schon mit der Morgensonne
Verengt der Abschied mir das Herz:
In deinen Küssen, welche Wonne!

In deinem Auge, welcher Schmerz!
Ich ging, du standst und sahst zur Erden,
Und sahst mir nach mit nassem Blick:
Und doch, welch Glück geliebt zu werden!
Und lieben, Götter, welch ein Glück.

FRIEDRICH RÜCKERT

Aus der erotischen Blumenlese aus Dichtern verschiedener Zeiten und Völker

Auf der Stelle
Wo sie saß,
O wie schnelle
Wuchs das Gras!
Leise saß sie auf ihm nieder,
Darum wuchs so schnell es wieder.

O darüber
Wuchs das Gras,
Und vorüber
Ist nun das,
Und du hast es längst vergessen,
Daß du dort bei mir gesessen.

Aber eine
Blume dringt,
Schön wie keine
Rings entspringt,
Aus dem Gras, wo du gesessen,
Daß ich dich nicht kann vergessen.

Wo die feine
Blum' entspringt,
Die mir deine
Grüße bringt,
Sitz' ich oft und denk' indessen
Daß ich hier mein Glück besessen.

GEORG HEYM

Ein Nachmittag

Beitrag zur Geschichte eines kleinen Jungen

Die Straße kam ihm vor wie ein langer Strich, die Leute, die an ihm vorübergingen, schienen ihm wie lauter aufgeblasene weiße Puppen. Was wußten sie auch von seiner Seligkeit. Er hatte sie gefragt: »Darf ich Sie küssen?«, der kleine Junge, und sie hatte ihm ihren Mund hingehalten, und er hatte sie geküßt. Und dieser Kuß brannte ihm tief in das Herz hinein, wie eine große reine Flamme, die ihn erlöste, die ihn glücklich machte, die ihn selig machte. Götter, er hätte tanzen mögen vor Seligkeit. Und der Himmel lief über ihn dahin wie eine große, blaue Straße, das Licht reiste nach Westen wie ein feuriger Wagen, und alle die glühenden Häuser schienen sein glühendes Feuer widerzustrahlen.

Er hatte das Gefühl eines starken brausenden Lebens, als hätte er noch nie so gelebt, als schwämme er wie ein Vogel hoch in der Luft, versunken in ewigem Äther, grenzenlos frei, grenzenlos glücklich, grenzenlos einsam.

Und das unsichtbare Diadem der Glückseligkeit lag auf seiner eckigen Kinderstirn und verschönte sie, wie eine nächtliche Landschaft unter dem weiten Aufbrechen eines Blitzes.

»Götter, ich werde geliebt, ich werde geliebt, wie man mich nur lieben kann.« Er ging schneller, er kam ins Laufen, als wäre die gewöhnliche, gemessene Bewegung zu langsam für den Sturm, der in seinem Herzen brauste. Und so rannte er die Straße herab zum Strande und setzte sich an das Meer.

»O Meer, Meer!« und er erzählte dem Meer sein Erlebnis, in einem kurzen Jauchzen, in einem zitternden Flüstern, in dem Taumel einer stummen Sprache. Und das Meer verstand ihn und hörte ihm zu, das Meer, auf dessen blauer dröhnender Weite seit so vielen Jahrtausenden der Orkan der Freude und das Lallen der Qualen widerhallte, wie ein ewiger Wirbelsturm über einer ewig unberührten Tiefe.

Er behütete ängstlich seine Einsamkeit. Wenn Menschen kamen, sprang er auf, lief er davon und kroch in die Dünen. Waren sie vorbei, so lief er wieder hervor ans Meer, dessen gewaltige Weite der einzige Becher war, in den er die Flut seines unendlichen Übermaßes fortgeben konnte.

Allmählich wurde der Strand belebter. Allenthalben blinkten weiße Kleider zwischen den Strandkörben vor, alte Damen kamen mit Büchern unter dem Arm. Helle Sonnenschirme wippten auf den schmalen Holzgängen, und die Kinder füllten wieder scharenweise die Sandburgen. Ruderboote fuhren aus, an den großen Segelkähnen wurden die Segel gehißt. Ein Photograph watete durch den Sand mit dem Kasten am Riemen über der Schulter.

Er sah nach der Uhr. Noch eine halbe Stunde, noch neunundzwanzig Minuten, dann wird er sie treffen. Er wird sie an der Hand nehmen, sie werden zusammen in den Wald gehen, da wo es ganz still ist. Und sie werden sich zusammen hinsetzen, Hand in Hand, verborgen im grünen Dickicht.

Aber was soll er zu ihr reden, damit sie ihn nicht langweilig findet. Denn sie ist schon wie eine kleine Dame, man muß sie unterhalten, man muß Witze machen.

Was soll er bloß zu ihr reden.

Ach, er wird überhaupt nichts sprechen, sie wird ihn auch so verstehen. Sie werden sich in die Augen sehen, die werden sich genug sagen.

Und dann wird sie ihm wieder ihren Mund hinhalten, er ihren Kopf leise in seinen Arm nehmen, so, so – er probierte es an einer Ginsterstaude –, und dann wird er sie küssen, ganz leise, ganz zart.

Und so werden sie beieinander sitzen im Walde, beieinander bis es dunkel wird; o wie schön, wie schön, wie unermeßlich selig.

Sie werden sich nie mehr verlassen. Er wird immer arbeiten,

dann wird er schnell studieren, und eines Tages wird er sie heiraten. Und das Leben erschien dem Kinde wie eine klare gerade Straße, die in einem Himmel von ewiger Bläue zieht, kurz, einfach, ohne Ereignisse, wie ein ewiger Garten.

Er stand auf und ging über den Strand durch die spielenden Kinder, die Leute und die Strandkörbe hin. Ein Dampfer legte an, ein Strom von Menschen schwoll auf die Landungsbrücke zu. Es wurde geläutet. Er bemerkte nichts von alledem, alles, was sonst seine Aufmerksamkeit gefesselt hatte, war verschwunden. Sein Auge war nach innen gerichtet, als müßte er alle seine Zeit darauf verwenden, den neuen Menschen zu studieren, der da mit einem Male aus seinem verschlossenen Kern gekrochen war.

Er kam an die Bank, wo er seine kleine Freundin treffen wollte; sie war noch nicht da.

Aber es war ja auch noch zu früh. Es fehlten ja noch zehn Minuten. Sie mußte wahrscheinlich erst noch Kaffee trinken, sicher hatte sie ihre Mutter noch nicht fortgelassen.

Er setzte sich einige Minuten auf die Bank, stand dann wieder auf, lief einige Male in dem kleinen Baumrondell hin und her. Jetzt fehlten noch zwei Minuten, jetzt mußte sie doch eigentlich schon zu sehen sein. Er schaute den Weg herunter nach ihr aus. Aber der Weg blieb leer. Seine Bäume verbargen niemand. Sie standen sanft vergoldet von der Nachmittagssonne ruhig in der Windstille, und durch ihr Laub zitterte das Licht auf den Weg, wie auf den Grund eines goldenen Baches. Der Laubgang war wie eine große, grüne, stille Halle und hinten in seinem Tore zitterte ein kleiner, blauer Streifen, fern wo Meer und Himmel ineinander verflossen.

Er zitterte. Er fühlte, wie sich etwas in ihm zusammenzog. »Warum kommt sie nicht, warum kommt sie nicht?«

»Ach, ist das nicht ihr Hut, ist das nicht das weiße Band? Das ist sie, das ist sie.«

Und das Tor seiner Seele sprang auf, er fühlte sich wie von einem Sturme geschüttelt, er lief ihr entgegen. Als er näher kam, sah er, daß er sich getäuscht hatte. Das war sie ja gar nicht, das war jemand anderes. Und in demselben Augenblick war ihm, als würde etwas in ihm erstickt, als sollte er erwürgt werden.

Er hatte plötzlich dasselbe Gefühl, das er einmal gehabt hatte, als er aus einem Hause geführt wurde, in dem er an einem Totenbette gestanden hatte: eine Art Ekel oder Widerwillen vor sich selbst. Dieses eigentümliche besondere Gefühl bemächtigte sich seiner immer dann, wenn ihm etwas Unangenehmes entgegentrat, dem er nicht ausweichen konnte, eine mathematische Arbeit, eine Zensur.

Aber so stark wie eben hatte er es noch nicht gefühlt. Er konnte es beinahe auf der Zunge schmecken, bitter, wie etwas Graues.

Sein Blut schien zu stocken; ihn überkam eine Trägheit, die ihm unheimlich war. Seine Stirn war klein und grau, als hätte jemand sie mit dem Schatten seiner Hand bedeckt.

Er ging langsam nach dem Rondell zurück. »Aber sie wird noch kommen, gewiß.« Sie konnte sich ja verspäten. Wenn sie nur noch käme. Seinethalben konnte sie ja eine Viertelstunde zu spät kommen, wenn sie nur überhaupt käme.

Er sah wieder nach der Uhr. Die Zeit war vorbei, und der Sekundenzeiger lief immer weiter hinaus wie eine kleine dünne Spinne in einem silbernen Käfig. Ihr kleiner Fuß trat auf die Sekunden, die in kleinen Strichen hinter ihr hinfielen, wie eine Art winzigen Staubes auf einer winzigen Landstraße.

Nun waren schon vier Minuten vorbei, nun schon fünf. Und der Minutenzeiger stieg immer weiter auf den Stufen seiner kleinen Treppe herauf. Er wollte ihr entgegengehen. Aber, wenn sie nun von der anderen Seite käme, was dann? Und er schwankte, sollte er bleiben, sollte er gehen? Aber seine Unrast trieb ihn fort. Er lief wieder einige Schritte den Weg herunter, dann blieb er wieder stehen, er kehrte wieder um.

Er setzte sich auf die Bank, sah vor sich hin. Und mit jeder Minute verlor sich seine Zuversicht mehr. Bis um fünf Uhr wollte er noch warten, vielleicht käme sie noch.

Aus der Ferne hätte man ihn für einen alten Mann halten können, wie er da saß. Gekrümmt, in sich verkrochen wie jemand, über den viele Jahre Kummers dahingegangen sind.

Er stand noch einmal auf und ging langsam noch ein paar Schritte über den Schauplatz seiner kindlichen Tragödie.

Von fern hörte er eine Uhr schlagen, aber das war noch zu früh. Er verglich sie mit seiner Taschenuhr. Sicher, die dort schlug zu früh. Es fehlten noch drei Minuten an fünf.

Und in diesen drei Minuten bäumte sich noch einmal die Hoffnung in seinem Herzen auf, die Sehnsucht, wie eine sterbende Flamme aus einem verlöschenden Brande, wie das Fanal des Lebens aus dem letzten Herzschlag eines Sterbenden.

Jetzt, jetzt war es soweit. Jetzt schlugen alle Türme aus der Stadt hinter dem Walde. Er sah eine Glocke schwingen in der klaren Luft, oben im Schalloch eines Kirchturms. Und bei jedem dieser dröhnenden Schläge war es ihm, als würde ihm langsam, ruckweise, um seine Qual zu verlängern, das Herz aus der Brust gerissen. So, so, jetzt wird es bald draußen sein, dachte er.

Die Türme schwiegen, es wurde wieder still. Und in seiner Brust wurde es ganz leer, es war ihm, als wäre darin ein großes hohles Loch, als trüge er etwas Totes in sich herum.

Es kam ihm so vor, als hätte ihm jemand etwas Dumpfes in sein Blut gegossen. Davon wurde sein Kopf so schwer, davon wurde er so müde.

Über einem sonnigen Teich, der durch die Bäume der Anlagen herüberschimmerte, zeigten sich einige Rauchwolken aus dem Schornstein des Badehauses. Sie verflogen im Wind. Er sah ihnen teilnahmslos nach, wie sie im Lichte zergingen. Ein paar Stimmen wurden hinter den Büschen laut. Ein paar Kindermädchen kamen, die die Kinderwagen vor sich herschoben.

Sie setzten sich ihm gegenüber auf die Bank im Rondell, sie hoben die Kinder aus den Wagen, die sogleich über einen Sandhaufen purzelten.

Da stand er auf und ging fort, langsam, gedankenlos.

Er kam wieder an den Strand herunter. Er ging wieder durch

die Strandkörbe. Da saßen noch die alten Damen mit ihren Büchern, da stand der Photograph vor einer Gruppe von Menschen. Er mußte wohl einen Witz gemacht haben, denn alle hatten lachende Gesichter.

Er wurde von seiner Leidenschaft nach dem Strandkorbe hinübergetrieben, in dem er am Mittag den Kuß bekommen hatte, wie ein kleines Schiff, das der Sturm erbarmungslos auf einen Felsen jagt.

Vielleicht saß sie darin. Das war seine letzte Hoffnung. Er schlich sich vorsichtig zwischen den Strandkörben durch, immer näher. Und die rote Fahne schien ihn von dem Dache heranzuwinken.

Nun war er ganz nahe. Eine ungewisse Angst hieß ihn stehenbleiben. Da hörte er ihre Stimme. Sie lachte. Und nun wieder eine andere Stimme, das war eine Knabenstimme.

Er schlich vorsichtig weiter in einem Bogen herum. Er warf sich in den Sand und kroch auf allen vieren vorwärts. Als er so weit war, daß er sie sehen konnte, legte er sich hinter einen Sandhügel und hob den Kopf etwas über den Rand herauf.

Da saß sie auf dem Schoß eines Jungen. Der Junge bog ihren Kopf herunter, gab ihr einen Kuß, dann ließ er ihn los. Seine Hand griff nach ihrem Bein, und fuhr langsam daran hinauf. Und sie lehnte sich an die Schulter des Jungen, weit zurück. Der kleine Junge zog seinen Kopf wieder zurück und kroch davon, mechanisch ein Bein hinter dem andern, eine Hand hinter der andern.

Er empfand eigentlich nichts, keinen Schmerz, keine Qual. Er hatte nur den einzigen Wunsch, sich zu verstecken, irgendwo hinkriechen und dann ganz stilliegen, irgendwo sich einen kleinen Fleck suchen im Strandhafer.

Als er weit genug war, erhob er sich aus dem Sand, ging er fort.

Auf seinem Wege traf er einen Schulkameraden, er verkroch sich hinter einem Zelt vor ihm. Von rechts kam seine Mutter und rief ihn herüber. Er tat, als hätte er nichts gehört. Er begann zu laufen, über die Strandkörbe und über die Menschen hinaus. Und bei seinem Laufen kam ihm plötzlich der Gedanke, daß er heute schon einmal so gelaufen war, mittags, als er so glücklich gewesen war.

Da übermannte ihn die Qual. Er rettete sich schnell die Dünen herauf. Oben warf er sich hin, das Gesicht in den Halmen. Der Strandhafer nickte über seinem Kopf wie ein Wald, ein paar Libellen kamen summend durch die Halme.

Und das war das erstemal im Leben des Knaben, daß er an einem Tage den Becher der Seligkeit und den der Qual trank, er, der verurteilt war, noch oft von den Extremen der tiefsten Qualen und des wildesten Glückes erschüttert zu werden, wie ein kostbares Gefäß, das durch viele glühende Flammen gewandert sein muß, ohne zu zerspringen.

Liebes-Lied

Wie soll ich meine Seele halten, daß
sie nicht an deine rührt? Wie soll ich sie
hinheben über dich zu andern Dingen?
Ach gerne möcht ich sie bei irgendwas
Verlorenem im Dunkel unterbringen
an einer fremden stillen Stelle, die
nicht weiterschwingt, wenn deine Tiefen schwingen.
Doch alles, was uns anrührt, dich und mich,
nimmt uns zusammen wie ein Bogenstrich,
der aus zwei Saiten *eine* Stimme zieht.
Auf welches Instrument sind wir gespannt?
Und welcher Geiger hat uns in der Hand?
O süßes Lied.

Das Geheimniss

Sie konnte mir kein Wörtchen sagen,
Zu viele Lauscher waren wach;
Den Blick nur durft' ich schüchtern fragen,
Und wohl verstand ich, was er sprach.
Leis' komm' ich her in deine Stille,
Du schön belaubtes Buchenzelt,
Verbirg in deiner grünen Hülle
Die Liebenden dem Aug' der Welt!

Von ferne mit verworrnem Sausen
Arbeitet der geschäft'ge Tag,
Und durch der Stimmen hohles Brausen
Erkenn' ich schwerer Hämmer Schlag.
So sauer ringt die kargen Loose
Der Mensch dem harten Himmel ab;
Doch leicht erworben, aus dem Schooße
Der Götter fällt das Glück herab.

Daß ja die Menschen nie es hören,
Wie treue Lieb' uns still beglückt!
Sie können nur die Freude stören,
Weil Freude nie sie selbst entzückt.
Die Welt wird nie das Glück erlauben,
Als Beute wird es nur gehascht;
Entwenden mußt du's oder rauben,
Eh' dich die Mißgunst überrascht.

Leis' auf den Zehen kommt's geschlichen;
Die Stille liebt es und die Nacht;
Mit schnellen Füßen ist's entwichen,
Wo des Verräthers Auge wacht.
O, schlinge dich, du sanfte Quelle,
Ein breiter Strom, um uns herum,
Und, drohend mit empörter Welle,
Vertheidige dies Heiligthum!

JOHANN WOLFGANG GOETHE

Das Beste

Wenn dir's in Kopf und Herzen schwirrt,
Was willst du Beßres haben!
Wer nicht mehr liebt und nicht mehr irrt,
Der lasse sich begraben!

Ungeduld

Ich schnitt' es gern in alle Rinden ein,
Ich grüb' es gern in jeden Kieselstein,
Ich möcht' es sä'n auf jedes frische Beet
Mit Kressensamen, der es schnell verräth,
Auf jeden weißen Zettel möcht ich's schreiben:
Dein ist mein Herz, und soll es ewig bleiben.

Ich möcht' mir ziehen einen jungen Staar,
Bis daß er spräch' die Worte rein und klar.
Bis er sie spräch' mit meines Mundes Klang,
Mit meines Herzens vollem, heißem Drang;
Dann säng' er hell durch ihre Fensterscheiben:
Dein ist mein Herz, und soll es ewig bleiben.

Den Morgenwinden möcht' ich's hauchen ein,
Ich möcht' es säuseln durch den regen Hain;
O, leuchtet' es aus jedem Blumenstern!
Trüg' es der Duft zu ihr von nah' und fern!
Ihr Wogen, könnt ihr nichts als Räder treiben?
Dein ist mein Herz, und soll es ewig bleiben.

Ich meint', es müßt' in meinen Augen stehn,
Auf meinen Wangen müßt' man's brennen sehn,
Zu lesen wär's auf meinem stummen Mund,
Ein jeder Athemzug gäb's laut ihr kund,
Und sie merkt nichts von all' dem bangen Treiben:
Dein ist mein Herz, und soll es ewig bleiben.

HUGO VON HOFMANNSTHAL

Das Glück am Weg

Ich saß auf einem verlassenen Fleck des Hinterdecks auf einem dicken, zwischen zwei Pflöcken hin- und hergewundenen Tau und schaute zurück. Rückwärts war in milchigem, opalinem Duft die Riviera versunken, die gelblichen Böschungen, über die der gezerrte Schatten der schwarzen Palmen fällt und die weißen, flachen Häuser, die in unsäglichem Dickicht rankender Rosen einsinken. Das alles sah ich jetzt scharf und springend, weil es verschwunden war, und glaubte, den feinen Duft zu spüren, den doppelten Duft der süßen Rosen und des sandigen, salzigen Strandes. Aber der Wind ging ja landwärts, schwärzlich rieselnd lief er über die glatte, weinfarbene Fläche landwärts. So war es wohl nur Täuschung, daß ich den Duft zu spüren glaubte. Dann sprangen dort, wo golden der breite Sonnenstreifen auf dem Wasser lag, drei Delphine auf und sprudelten sprühendes Gold und spielten gravitätisch und haschten sich heftig rauschend und tauchten plötzlich wieder unter. Leer lag der Fleck und wurde wieder glatt und blinkte.

Jetzt hätte es dort aufrauschen müssen, und wie der wühlende Maulwurf weiche Erdwellen aufwerfend den Kopf aus den Schollen hebt, so hätten sich die triefenden Mähnen und rosigen Nüstern der scheckigen Pferde herausheben müssen, und die weißen Hände, Arme und Schultern der Nereiden, ihr flutendes Haar und die zackigen, dröhnenden Hörner der Tritonen. Und in der Hand die rotseidenen Zügel, an denen grüner Seetang hängt und tropfende Algen, müßte er im Muschelwagen stehen, Neptun, kein langweiliger, schwarzbärtiger Gott, wie sie ihn zu Meißen aus Porzellan machen, sondern unheimlich und reizend, wie das Meer selbst, mit weicher Anmut, frauenhaften Zügen und Lippen rot, wie eine giftig rote Blume …

Über das leere, glänzende Meer lief schwärzlich rieselnd der leise Wind. Am Horizont, nicht ganz dort, wo in der kommenden Nacht wie ein schwarzblauer Streif der bergige Wall von Corsica auftauchen sollte, stand ein winziger schwarzer Fleck.

Nach einer Stunde war das Schiff recht nahe gegen unseres gekommen. Es war eine Yacht, die offenbar nach Toulon fuhr. Wir mußten sie fast streifen. Mit guten Augen unterschied man schon recht deutlich die Maste und Raaen, ja sogar die Vergoldung, dort, wo der Name des Schiffes stand. Ich wechselte meinen Platz, trug meinen englischen Roman ins Lesezimmer zurück und holte mein Fernglas. Es war ein sehr gutes Glas. Es brachte mir einen bestimmten runden Fleck des fremden Schiffes ganz nahe, fast unheimlich nahe. Es war, wie wenn man durchs Fenster in ein ebenerdiges Zimmer schaut, worin sich Menschen bewegen, die man nie gesehen hat und wahrscheinlich nie kennen wird; aber einen Augenblick belauscht man sie ganz in der engen dumpfen Stube, und es ist, als ob man ihnen da unsäglich nahe käme.

Den runden Fleck in meinem Glas begrenzte schwarzes Tauwerk, messingeingefaßte Planken, dahinter der tiefblaue Himmel. In der Mitte stand eine Art Feldsessel, auf dem lag, mit geschlossenen Augen, eine blonde junge Dame. Ich sah alles ganz deutlich: den dunklen Polster, in den sich die Absätze der kleinen, lichten Halbschuhe einbohrten, den moosgrünen breiten Gürtel, in dem ein paar halboffene Rosen steckten, rosa Rosen, la France-Rosen …

Ob sie schlief?

Schlafende Menschen haben einen eigentümlichen, naiven, schuldlosen, traumhaften Reiz. Sie sehen nie banal und nie unnatürlich aus.

Sie schlief nicht. Sie schlug die Augen auf und bückte sich um ein heruntergefallenes Buch. Ihr Blick lief über mich, und ich wurde verlegen, daß ich sie so anstarrte, aus solcher Nähe; ich senkte das Glas, und dann erst fiel mir ein, daß sie ja weit war, dem freien Auge nichts als ein lichter Punkt zwischen braunen Planken, und mich unmöglich bemerken könne. Ich richtete also wieder das Glas auf sie, und sie sah jetzt wie verträumt gerade vor sich hin. In dem Augenblick wußte ich zwei Dinge: daß sie sehr schön war, und daß ich sie kannte. Aber woher? Es quoll in mir auf, wie etwas Unbestimmtes, Süßes, Liebes und Vergangenes. Ich versuchte es, schärfer zu denken: ein gewisser kleiner Garten, wo ich als Kind gespielt hatte, mit weißen Kieswegen und Pegonienbeeten ... aber nein, das war es nicht ... damals mußte sie ja auch ein kleines Kind gewesen sein ... ein Theater, eine Loge mit einer alten Frau und zwei Mädchenköpfe, wie biegsame lichte Blumenköpfe hinter dem Zaun ... ein Wagen, im Prater, an einem Frühlingsmorgen ... oder Reiter? ... Und der starke Geruch der taufeuchten Lohe und Kastanienblütenduft und ein gewisses helles Lachen ... aber das war ja jemand Anderes Lachen ... ein gewisses Boudoir mit einem kleinen Kamin und einem gewissen hohen Louis-Quinze-Feuerschirm ... alles das tauchte auf und zerging augenblicklich, und in jedem dieser Bilder erschien schattenhaft diese Gestalt da drüben, die ich kannte und nicht kannte, diese schmächtige lichte Gestalt und die blumenhafte müde Lieblichkeit des kleinen Kopfes und darin die faszinierenden, dunkeln, mystischen Augen ... Aber in keinem der Bilder blieb sie stehen, sie zerrann immer wieder, und das vergebliche Suchen wurde unerträglich. Ich kannte sie also nicht. Der Gedanke verursachte mir ein unerklärliches Gefühl von Enttäuschung und innerer Leere; es war mir, als hätte ich das Beste an meinem Leben versäumt. Dann fiel mir ein: Ja, ich kannte sie, das heißt, nicht wie man gewöhnlich Menschen kennt, aber gleichviel, ich hatte hundertmal an sie gedacht, Hunderte von Malen, Jahre und Jahre hindurch.

Gewisse Musik hatte mir von ihr geredet, ganz deutlich von ihr, am stärksten Schumannsche; gewisse Abendstunden auf grünen Veilchenwiesen, an einem rauschenden kleinen Fluß, darüber der feuchte, rosige Abend lag; gewisse Blumen, Anemonen mit müden Köpfchen ... gewisse seltsame Stellen in den Werken der Dichter, wo man aufsieht und den Kopf in die Hand stützt und auf einmal vor dem inneren Aug' die goldenen Tore des Lebens aufgerissen scheinen … Alles das hatte von ihr geredet, in all dem war das Phantasma ihres Wesens gelegen, wie in gläubigen Kindergebeten das Phantasma des Himmels liegt. Und alle meine heimlichen Wünsche hatten sie zum heimlichen Ziel gehabt: in ihrer Gegenwart lag etwas, das allem einen Sinn gab, etwas unsäglich Beruhigendes, Befriedigendes, Krönendes. Solche Dinge begreift man nicht: man weiß sie plötzlich.

Ja, ich wußte noch viel mehr; ich wußte, daß ich mit ihr eine besondere Sprache reden würde, besonders im Ton und besonders im Stil: meine Rede wäre leichtsinniger, beflügelter, freier, sie liefe gleichsam nachtwandelnd auf einer schmalen Rampe dahin; aber sie wäre auch eindringlicher, feierlicher, und gewisse seltsame Saitensysteme würden verstärkend mittönen.

Alle diese Dinge dachte ich nicht deutlich, ich schaute sie in einer fliegenden, vagen Bildersprache.

In dem Augenblick war uns das fremde Schiff recht nah, näher würde es wohl kaum kommen.

Ich wußte noch mehr von ihr: ich wußte ihre Bewegungen, die Haltung ihres Kopfes, das Lächeln, das sie haben würde, wenn ich ihr gewisse Dinge sagte. Wenn sie auf der Terrasse säße, in einer kleinen Strandvilla in Antibes (ganz ohne Grund dachte ich gerade Antibes) und ich käme aus dem Garten und bliebe unter ihr stehen, drei Stufen unter ihr (und mir war, als wüßte ich ganz genau, das würde hundertmal geschehen, ja beinahe, als wäre es schon geschehen …), dann würde sie mit einer undefinierbaren reizenden kleinen Pose die Schultern wie frierend in die Höhe ziehen und mich mit ihren mystischen Augen ernst und leise spöttisch von oben herab ansehen …

Es liegt unendlich viel in Bewegungen: sie sind die komplizierte und feinabgetönte Sprache des Körpers für die komplizierte und feine Gefallsucht der Seele, die eine Art Liebesbedürfnis und eine Art Kunsttrieb ist: Koketterie ist ein sehr plumpes Wort dafür. In dieser kleinen Pose lag für mich eine Unendlichkeit von Dingen ausgedrückt: eine ganz bestimmte Art, ernsthaft, zufrieden und in Schönheit glücklich zu sein;

ganz bestimmte graziöse, freie, wohltuende Lebensverhältnisse und vor allem mein Glück lag darin ausgedrückt, die Bürgschaft meines tiefen, stillen, fraglosen Glückes. Alle diese Gedanken waren ohne Sentimentalität, mit einer sicheren, ruhigen Anmut erfüllt. Dabei sah ich ununterbrochen hinüber. Sie war aufgestanden und sah gerade zu uns her. Und da war mir, als ob sie leise, mit unmerklichem Lächeln den Kopf schüttelte. Gleich darauf bemerkte ich mit einer Art stumpfer Betäubung, daß die Schiffe schon wieder anfingen, sich leise voneinander zu entfernen. Ich empfand das nicht als etwas Selbstverständliches, auch nicht als eine schmerzliche Überraschung, es war einfach, als glitte dort mein Leben selbst weg, alles Sein und alle Erinnerung, und zöge langsam, lautlos gleitend seine tiefen, langen Wurzeln aus meiner schwindelnden Seele, nichts zurücklassend als unendliche, blöde Leere. Mir war, als fühlte ich fröstelnd, wie durch diese Leere ein Lufthauch lief. Stumpf, gedankenlos aufmerksam sah ich zu, wie sich zwischen sie und mich ein leerer, reinlicher, emailblauer, glänzender Wasserstreifen legte, der immer breiter wurde: In hilfloser Angst sah ich ihr nach, wie sie mit langsamen Schritten schlank und biegsam eine kleine Treppe hinabstieg, wie Ruck auf Ruck in der Luke der grüne Gürtel verschwand, dann die feinen Schultern und dann das dunkelgoldene Haar. Dann war nichts mehr von ihr da, nichts. Für mich war es, als hätte man sie in einen schmalen kleinen Schacht gelegt und darüber einen schweren Stein und darauf Rasen. Als hätte man sie zu den Toten gelegt, ja, gar nichts konnte sie mehr für mich sein. Wie ich so hinstarrte auf das schwindende Schiff, das sich ein wenig gedreht hatte, kehrte sich mir unter Bord etwas Blinkendes zu. Es waren vergoldete Genien, goldene, an das Schiff geschmiedete Geister, die trugen auf einem Schild in blinkenden Buchstaben den Namen des Schiffes: »La Fortune« …

WILHELM BUSCH

Frühlingslied

In der Laube von Syringen,
Oh, wie ist der Abend fein!
Brüder, laßt die Gläser klingen,
Angefüllt mit Maienwein.

Heija, der frische Mai,
Er bringt uns mancherlei.
Das Schönste aber hier auf Erden
Ist lieben und geliebt zu werden,
Heija, im frischen Mai.

Über uns die lieben Sterne
Blinken hell und frohgemut,
Denn sie sehen schon von ferne,
Auch hier unten geht es gut.

Wer sich jetzt bei trüber Kerzen
Der Gelehrsamkeit befleißt,
Diesem wünschen wir von Herzen,
Daß er bald Professor heißt.

Wer als Wein- und Weiberhasser
Jedermann im Wege steht,
Der genieße Brot und Wasser,
Bis er endlich in sich geht.

Wem vielleicht sein altes Hannchen
Irgendwie abhanden kam,
Nur getrost, es gab schon manchen,
Der ein neues Hannchen nahm.

Also, eh' der Mai zu Ende,
Aufgeschaut und umgeblickt,
Keiner, der nicht eine fände,
Die ihn an ihr Herze drückt.

Jahre steigen auf und nieder;
Aber wenn der Lenz erblüht,
Dann, ihr Brüder, immer wieder
Töne unser Jubellied.

Heija, der frische Mai,
Er bringt uns mancherlei,
Das Schönste aber hier auf Erden
Ist lieben und geliebt zu werden,
Heija, im frischen Mai.

AUGUST HEINRICH HOFFMANN
VON FALLERSLEBEN

Ja, du bist mein!

Ja, du bist mein!
Ich will's dem blauen Himmel sagen,
Ich will's der dunkeln Nacht vertraun,
Ich will's als frohe Botschaft tragen
Auf Bergeshöhn, durch Heid' und Au'n.
Die ganze Welt soll Zeuge sein:
Ja, du bist mein!
Und ewig mein!

Ja, du bist mein!
In meinem Herzen sollst du leben,
Sollst haben was sein Liebstes ist,
Du sollst, von Lieb' und Lust umgeben,
Ganz fühlen, daß du glücklich bist.
Schließ mich in deine Arme ein!
Ja, du bist mein!
Und ewig mein!

Endlich hab' ich Dich gefunden.

Endlich hab' ich Dich gefunden
Nach so manchem bangen Gang,
Und der Liebe süße Stunden
Grüß' ich nun mit Sang und Klang.

Endlich ist der Schmerz verbunden,
Der die Hoffnung fast verschlang,
Und so muß mein Herz gesunden,
Seit es sich sein Glück errang.

Ja, Du bist mit mir verbunden,
Treu mit mir mein Lebelang:
Wieder hab' ich mich gefunden,
Seit ich endlich Dich errang.

Ja, Du bist mit mir verbunden!
Sei gegrüßt mit Sang und Klang!
Endlich hab' ich Dich gefunden,
Du mein Glück, mein Traum, mein Sang.

Wenn die Lerche singt.

Wenn die Lerche singt, wenn das Veilchen sprießt,
Wenn der Gießbach sich in das Thal ergießt
Wenn im Frühthau die Knospen sich dehnen,
Dann erbebt in Bangen und Sehnen,
In Leib und in Lust
Mir das Herz in der Brust,
Und es möchte fliehn mit dem Sonnenstrahl
Ueber Berg und Thal,
Durch Wald und Feld
Hinaus in die weite unendliche Welt.

Und so war's in jedem Frühling:
Immer zog mein Herz hinaus,
Mit der alten Sehnsucht kam es
Immer wieder heim nach Haus.

Herz, wie bist du still geworden!
Was du suchtest, wurde dein:
Ja, es ist dein erster Frühling,
Wo du nicht mehr bist allein.

Sei gegrüßt, du Frühlingssonne!
Neues Leben, neue Wonne!
Ich darf kein Fremdling hienieden mehr sein –
Die weite unendliche Welt ist mein!

ADALBERT STIFTER

Der Nachsommer

Es begann nun eine merkwürdige Zeit. In meinem und Mathildens Leben war ein Wendepunkt eingetreten. Wir hatten uns nicht verabredet, daß wir unsere Gefühle geheim halten wollen; dennoch hielten wir sie geheim, wir hielten sie geheim vor dem Vater, vor der Mutter, vor Alfred und vor allen Menschen. Nur in Zeichen, die sich von selber gaben, und in Worten, die nur uns verständlich waren, und die wie von selber auf die Lippen kamen, machten wir sie uns gegenseitig kund. Tausend Fäden fanden sich, an denen unsere Seelen zu einander hin und her gehen konnten, und wenn wir in dem Besitze von diesen tausend Fäden waren, so fanden sich wieder tausend, und mehrten sich immer. Die Lüfte, die Gräser, die späten Blumen der Herbstwiese, die Früchte, der Ruf der Vögel, die Worte eines Buches, der Klang der Saiten, selbst das Schweigen waren unsere Boten. Und je tiefer sich das Gefühl verbergen mußte, desto gewaltiger war es, desto drängender loderte es in dem Innern. Auf Spaziergänge gingen wir drei, Mathilde, Alfred und ich, jetzt weniger als sonst, es war, als scheuten wir uns vor der Anregung. Die Mutter reichte oft den Sommerhut und munterte auf. Das war dann ein großes, ein namenloses Glück. Die ganze Welt schwamm vor den Blicken, wir gingen Seite an Seite, unsere Seelen waren verbunden, der Himmel, die Wolken, die Berge lächelten uns an, unsere Worte konnten wir hören, und wenn wir nicht sprachen, so konnten wir unsere Tritte vernehmen, und wenn auch das nicht war, oder wenn wir stille standen, so wußten wir, daß wir uns besaßen, der Besitz war ein unermeßlicher, und wenn wir nach Hause kamen, war es, als sei er noch um ein Unsägliches vermehrt worden. Wenn wir in dem Hause waren, so wurde ein Buch gereicht, in dem unsere Gefühle standen, und das andere erkannte die Gefühle, oder es wurden sprechende

Musiktöne hervorgesucht, oder es wurden Blumen in den Fenstern zusammengestellt, welche von unserer Vergangenheit redeten, die so kurz und doch so lang war. Wenn wir durch den Garten gingen, wenn Alfred um einen Busch bog, wenn er in dem Gange des Weinlaubes vor uns lief, wenn er früher aus dem Haselgebüsche war als wir, wenn er uns in dem Innern des Gartenhauses allein ließ, konnten wir uns mit den Fingern berühren, konnten uns die Hand reichen, oder konnten gar Herz an Herz fliegen, uns einen Augenblick halten, die heißen Lippen an einander drücken und die Worte stammeln: ›Mathilde, dein auf immer und auf ewig, nur dein allein, und nur dein, nur dein allein!‹

›O ewig dein, ewig, ewig, Gustav, dein, nur dein, und nur dein allein.‹

Diese Augenblicke waren die allerglückseligsten.

So war der tiefe Herbst gekommen. Wir hatten in dem Reste des Sommers ein Äußeres nicht vermißt. Mathilde und Alfred hatten immer weniger verlangt, in die Nachbarschaft zu fahren, und so war es gekommen, daß auch die Eltern weniger fuhren, und daß auch Fremde weniger zu uns kamen. Wenn sie aber da waren, wenn auch Alfred an den Spielen und Ergötzungen der Kinder Teil nahm, so war Mathilde doch teilnahmsloser als je. Sie hielt sich ferne, wie eine, die nicht hieher gehört. Auch in ihrem körperlichen Wesen war in dieser kurzen Zeit eine große Veränderung vorgegangen. Sie war stärker geworden, ihre Wangen waren purpurner, ihre Augen glänzender geworden. Alfred liebte mich sehr. Neben seinen Eltern und seiner Schwester liebte er vielleicht nichts so sehr als mich, und ich vergalt es ihm mit ganzer Seele.

Der späte Herbst war endlich dem Beginne des Winters gewichen. Wie wir sehr früh von der Stadt auf das Land gingen, so blieben wir auch sehr tief in die sinkende Jahreszeit hinein auf demselben. Alfreds Erwartung war in Erfüllung gegangen. Das Obst und die Trauben waren abgenommen worden. Auf den Zweigen der Bäume war kein Blatt mehr, und der Nebel und der

Frost zogen sich durch die Gründe des Tales. Da gingen wir in die Stadt. Dort war Mathilde enger umgrenzt. Lehrer, Erziehungsstunden, Unterricht, Arbeiten drängten sich an sie heran. Ihr ganzes Wesen aber war begeisterter und getragener, und ich erschien mir reich, um vieles reicher als die Besitzer all der Häuser, der Paläste und des Glanzes der ungeheuren Stadt. Wir konnten uns nur seltener sprechen; aber wenn sie mir auf dem Gange begegnete, wenn sie mir in dem Zimmer der Mutter einige Worte sagen konnte, wenn in der Menge das Geschick uns an einander vorüberführte, oder wenn uns ein anderer günstiger Augenblick gegeben war: dann sagten mir ihre schönen Augen, dann sagten einige Worte, wie sehr wir uns liebten, wie unveränderlich diese Liebe sei, und wie unbegrenzt unsere Seelen einander beherrschten.

O selig, o selig, ein Kind noch zu sein!

Du mußt das Leben nicht verstehen

Du mußt das Leben nicht verstehen,
dann wird es werden wie ein Fest.
Und laß dir jeden Tag geschehen
so wie ein Kind im Weitergehen
von jedem Wehen
sich viele Blüten schenken läßt.

Sie aufzusammeln und zu sparen,
das kommt dem Kind nicht in den Sinn.
Es löst sie leise aus den Haaren,
drin sie so gern gefangen waren,
und hält den lieben jungen Jahren
nach neuen seine Hände hin.

JEAN PAUL

Mit Sand spielen

Vor neuen Philosophen, welche in der Erziehung leichter das All als Etwas anbieten und schenken, schämt man sich eines Paragraphen, wie dieser wird, so sehr, daß man kaum weiß, wie man ihn versüßen und verkleiden soll. Ich kenne nämlich für Kinder in den ersten Jahren kein wohlfeileres, mehr nachhaltendes, beiden Geschlechten angemessenes, reines Spielzeug als das, welches jeder in der Zirbeldrüse (einige in der Blase) und die Vögel im Magen haben – *Sand.* Stundenlang sah ich oft spielekle Kinder ihn als Bausteine – als Wurfmaschine – als Kaskade – Waschwasser – Saat – Mehl – Finger-Kitzel – als eingelegte Arbeit und erhobnes Füllwerk – als Schreib- und Maler-Grund verwenden. Den Knaben ist er das Wasser der Mädchen. Philosophen! streuet Sand weniger *in* als *vor* die Augen in den Vogelbauer eurer Kinder. Nur eines ist dabei zu verhüten: daß sie ihr Spielzeug nicht fressen!

HANS FALLADA

Familienfahrt

Dann ist es endlich soweit!

Obwohl unser Zug vom Stettiner Bahnhof erst gegen acht Uhr fährt, ist die ganze Familie, Vater einschließlich, schon um halb sechs aus den Betten gejagt worden, denn auch die Betten müssen noch eingepackt werden! Während Mutter sie mit der alten Minna in einen ungeheuren Bettsack aus rotem Segeltuch stopft und propft, ist Christa in der Küche damit beschäftigt, Stapel Butterbrote anzuhäufen. Brote mit Wurst. Brote mit Ei. Brote mit kaltem Braten. Brote mit Käse. Aber so eifrig Christa auch schmiert und belegt, die Stapel wollen nicht recht wachsen, denn immer wieder machen wir Kinder einen Einbruch in die Küche und holen uns neue Frühstücksbrote. Unser Appetit ist ebenso ungeheuer wie unsere Aufregung. Nun geht es also wirklich los!

Plötzlich fällt mir ein, daß ich noch mit dem Portier reden muß. Zur Freude aller Hausgenossen rasen Ede und ich morgens um halb sieben die Treppe mit Donnergepolter hinunter und begrüßen den immer recht griesgrämigen wahren Herren des Hauses. Kein Wunder, daß er griesgrämig ist – er fährt ja nicht an die See, er hat ja keine Ferien!

Zum zehnten Male mindestens lege ich ihm meine Kaninchen ans Herz, ich halte sie unten im Keller. Besonders, daß Mucki auch jeden Abend seine gewohnte Mohrrübe bekommt, ist so wichtig!

Der Portier ist eitel Ablehnung. »Ach, deine ollen Karnickel, die haben ja Lause!«

Ich protestiere gekränkt.

»Und doch haben se Lause! Wenn de keene Oojen nich hast, mußte sie mal mit de Lupe in de Ohren kieken! Det sind schon keene Lause mehr, det is en janzet Lauseleum!«

Nachdem der Portier mich so zerschmettert hat, wendet er sich an meinen Bruder Ede. »Und du mit deinem Hamster! Ick sare dir, ich komme for nischt nich uff! Futtern will ick em woll und ooch Wasser jeben, aber de Kiste is zu schwach, det sare ick dir! Wenn der stiften jeht, ick stifte nich hinterher! Ick nich!«

Wirklich hält Ede seit einem Vierteljahr in seiner Stube einen Hamster, der in einer drahtbespannten Kiste wohnt! Vater weiß offiziell nichts davon, wie Vater offiziell auch nichts von meiner Karnickelei weiß! Aber meine Karnickel sind sanfte anhängliche Tiere, während Edes Hamster, Maxe genannt, ein Ausbund von Bosheit ist. Bisher ist Ede von der Bestie nur angefaucht, angespuckt und gebissen worden, trotzdem hängt er mit tiefer Liebe an diesem Geschöpf. Er bildet sich ein, er werde dem Hamster mit der Zeit das Pfeifen und das Tanzen beibringen – wie einem Murmeltier!

Jetzt versichert Ede dem Portier, daß der Hamster sich in seiner Kiste sehr wohlfühle, er habe noch nicht einen Ausbruchsversuch gemacht.

»Ach, red bloß keenen Stuß!« sagt der Portier mürrisch. »Wenn de erst weg bist, wird det Tier sich schon Jedanken machen. Ick hab keene Zeit, bei ihm zu sitzen und ihm Jeschichten zu erzählen, wie schön et in deine Kiste is! Wenn ick wäre euer Vater, ick erloobte det nich, det jrenzt ja an Tierquälerei, die Karnickel in 'nem dunklen Keller und det Hamsterjeschöpf in 'ne Kiste! Aber mir jet det nischt an. Ick bin nich im Tierschutz! Aber wat sonst mit die passiert, da bin ick Nante! Det vasteht ihr doch!?!«

Da wir's verstehen mußten und da ein anderer Tierfütterer nicht greifbar war, verstanden wir es auch. Etwas bedrückt stiegen wir die Treppe wieder hinauf. Als ich aber den herrlichen Wirrwarr in der Wohnung sah, vergaß ich sofort meinen Kummer. Der ganze Haushalt war in Auflösung begriffen. Fünf weibliche Wesen rannten – anscheinend ziellos – hin und her, setzten hier etwas ab, trugen dort etwas fort.

Minna rief: »Frau Rat, ich muß noch mal den Schlüssel haben für den großen Schließkorb!«

Fiete trug ein Zigarrenkistchen mit Puppenkleidern herbei und verlangte von Mutter, sie sollten noch in den verschlossenen Koffer. Itzenplitz suchte zwischen Vaters Büchern Reiselektüre. Christa schmierte noch immer Stullen.

Auf der Diele stand Vater und versuchte, das Gepäck zu zählen, ein fruchtloses Beginnen, denn immer wenn er die endgültige Zahl ermittelt zu haben glaubte, wurde ein Stück wieder weggeschleppt und zwei neue kamen hinzu.

»Louise!« rief Vater. »Es wird Zeit, die Gepäckdroschke zu holen! Kann ich Hans jetzt schicken?«

»Einen Augenblick noch, Arthur! Ich muß erst mal nachsehen, ob die Badetücher auch eingepackt sind.«

»Aber beeil dich!« rief Vater mahnend, und nun bestürmten Ede und ich ihn, wer von uns beiden bei dem Kutscher auf dem Bock fahren durfte. Vater wollte mal sehen; er war von dem ungewohnten Trubel bereits ziemlich nervös, wollte aber unbedingt seinen Ruf als glänzender Organisator, bei dem alles wie am Schnürchen geht, aufrechterhalten.

»Ich schicke jetzt Hans!« rief er nach einem neuen Blick auf die Uhr. »Es wird höchste Zeit!«

»Einen Augenblick bitte noch, Arthur! Wir kriegen den Bettsack nicht zu!«

»Lauf los, Hans!« sagte mein Vater leise und machte sich auf den Weg, beim Verschnüren des Bettsackes zu helfen.

Ich lief die Treppe hinunter. Ganz ohne Auftrag schloß sich Ede mir an. Ich mußte es schon dulden, aber lieb war es mir nicht. Es hatte so etwas Pompöses, wenn man allein in einer Droschke fuhr. Zu zweien wirkte es lange nicht so überwältigend.

Es war der erste Tag der großen Ferien. Ganz Berlin, soweit es Kinder hatte und es sich leisten konnte, war im Aufbruch. Wir sahen wohl Gepäckdroschken, aber sie waren alle besetzt. Wir liefen hin und her, wir suchten mit immer größerem Eifer, denn wir wußten, mit welcher Ungeduld der pünktliche Vater auf unsere Rückkehr wartete. Aber es war wie verhext. Leere

Droschken sahen wir genug, aber keine, deren Fassungsvermögen unserm Auszug angemessen war. Es mußte durchaus eine Gepäckdroschke sein, also ein schwarzer verschlossener Kasten mit stabilem, von einem Gitter begrenzten Dach, auf das die Mehrzahl der Koffer zusammen mit dem Bettsack getürmt werden konnte.

Endlich erwischten wir am Nollendorfplatz solch Ungetüm. Stolz stiegen wir ein und ließen uns vornehm in die dunkelblauen Kissen zurücksinken. Aber gleich waren wir wieder aufrecht und sahen zu den Fenstern hinaus. Es war erhebend anzuschauen, wieviel schweißtriefende Familienväter, Jungen, Dienstmädchen und Portiers nach Gepäckdroschken liefen.

»Beati possidentes!« sagte ich zu Ede und war stolz, daß er noch nicht so viel Latein konnte, sondern daß ich es ihm übersetzen mußte. »Glücklich, wer da hat!«

Ja, wir waren viel beneidet. Überall standen auf den Bürgersteigen hinter Kofferbastionen Familientrupps. Alte Großmütter winkten unserm Kutscher verzweifelt mit Regenschirmen. Jungens sprangen einfach auf das Trittbrett unserer Droschke und boten dem Kutscher eine Mark extra, wenn er sie fuhr. Wir schlugen sie so lange auf die Finger, bis sie loslassen und abspringen mußten.

Auch Vater stand in der Luitpoldstraße hinter einigen Koffern, hielt nach uns Ausschau und wollte schelten, weil wir so spät kamen. Aber der Kutscher nahm uns in Schutz. »Lassen Se man die Jungens!« sagte er. »Die haben noch Schwein jehabt, det se mir jekriegt haben! Heute jibt's in janz Berlin keine freie Jepäckdroschke. – Na, Herr Portier«, wandte er sich an unsern Hausgewaltigen, der eben mit Minna einen Riesenkoffer heranschleppte, »is det det jrößte Stück? Na, denn wolln wa mal anfangen mit's Bauen!«

Und sie fingen an, den Koffer über Rad und Bock auf das Verdeck hinaufzustemmen. Aus dem Hause kamen immer neue Familienmitglieder mit Gepäckstücken, Plaidrollen, Schirmbündeln, zwischen denen unsere Strandschippen vom Vorjahre steckten. Aber Ede und ich beteiligten uns nicht mehr an der Schlepperei, wir begutachteten »unsere Gäule«. Winnetous berühmter Zucht entstammten sie bestimmt nicht, aber ich war dafür, daß es doch Ostpreußen seien, Ede stimmte für Hannoveraner – eine Ahnung hatten wir beide nicht.

Vater versuchte unterdes das Verstauen des Gepäcks durch Ratschläge zu unterstützen. Aber das Familienhaupt wurde jetzt nicht beachtet, selbst Minna hörte nicht auf seine Worte. So verschwand Vater plötzlich im Haus, um Mutter auf den Trab zu bringen.

Endlich waren alle unten, endlich waren alle Koffer verladen und festgebunden. Endlich saßen alle, ich recht schmollend, denn ich hatte mich in den Wagen zwischen die Schwestern klemmen müssen, während Ede auf dem Bock thronte. Aber auch nicht eigentlich auf dem Bock, sondern auf einigen neben dem Kutscher untergebrachten Koffern: das Fassungsvermögen des Wagenverdecks hatte sich doch als zu gering erwiesen.

Mutter lehnte aus dem Fenster und gab Minna, die erst die Wohnung in Ordnung bringen wollte, ehe sie auf Urlaub ging, jene letzten Ratschläge, die wohl schon vor einigen Jahrtausenden die verreisende Hausfrau ihrer Schaffnerin gegeben hat: »Und sehen Sie, Minna, daß die Wasserleitung nicht tropft. Und der Gashaupthahn muß noch zugemacht werden. Ehe Sie im Speisezimmer einwachsen, reiben Sie die Stelle auf dem Parkett, wo Christa Glut verloren hat, mit Stahlspänen ab. Hänschen holt sich Frau Tieto selbst. Und die Blumen stellen Sie alle zusammen auf den Boden vom Balkon, dann hat es Frau Markuleit einfacher mit dem Gießen. Es wird ja auch einmal regnen. Und vergessen Sie nicht, die Schrippen und die Milch abzubestellen. Und die Zeitung soll der Junge solange bei Eichenbergs abgeben ...«

»Los!« rief Vater dem Kutscher zu, und mit dem Anziehen der Pferde sank Mutter in ihren Sitz zurück.

»Ach, Vater!« rief sie ängstlich. »Ich habe sicher noch was vergessen ... Da war bestimmt noch was ...«

»Wenn noch was ist«, sagte Vater entschlossen, »kannst du ja Frau Tieto eine Karte schreiben. Wir müssen jetzt los, sonst versäumen wir den Zug!«

»Im nächsten Jahre werde ich noch eine Stunde früher aufstehen«, sagte Mutter. »Man wird nie in Ruhe fertig. Ich bin ganz abgehetzt ... Was ich nur vergessen habe? Da war doch noch was!« – Und sie versank in Grübeln.

Unterdes war die Droschke, ächzend und klappernd, die Martin-Luther-Straße hinaufgefahren und bog jetzt auf den Lützowplatz ein. Der lag ganz in der Morgensonne. Auf dem Herkulesbrunnen rauschte und strömte schon die Wasserkunst und blinkte im Licht mit tausend grünen, gelben und blauen Tropfen. Kinder saßen schon in den Sandkisten und spielten. Wir aber würden heute abend schon im Seesand spielen!

Und während der Wagen nun rascher die grüne Hofjägerallee hinunterrollte, kam mir plötzlich alles ganz unwirklich vor. Jawohl, ich saß hier in einer Droschke, ich fuhr mit den Eltern und Geschwistern in die Sommerfrische – aber tat ich das wirklich? Das ein Jahr hindurch gelebte Stadtleben saß so fest in mir, daß dies, was jetzt wirklich geschah, mir ganz unwirklich erschien.

Mir war so seltsam, als sei ich noch zu Hause in der Luitpoldstraße. Ich meinte, mich dort stehen zu sehen in meinem Zimmer, mich und doch nicht mich, denn ich fuhr ja auch hier in einer Droschke durch den Tiergarten! Und es überkam mich, wie es mir schon einige Male – aber nur schwach – geschehen war, daß es eigentlich zwei Hans Fallada gebe, zwei ganz gleiche, und sie erlebten beide genau das gleiche, aber sie ertrugen es nicht gleich.

Ich hatte schon versucht, diesen Gedanken zu Ende zu denken, aber ich war nicht damit zurande gekommen. Denn wenn es zwei ganz gleiche Hansen gibt, so mußten sie bei denselben Eltern in derselben Stadt leben, und nicht nur in derselben Stadt. In der gleichen Straße mußten sie wohnen, im gleichen Haus und – immer mehr verengte sich der Kreis – im gleichen Zimmer. Im gleichen Bett mußten sie schlafen, in der gleichen Haut stecken, mit dem gleichen Munde reden – der andere Hans Fallada mußte also auch in mir sein.

Aber das stimmte nicht, denn ich fühlte ihn nicht in mir, sondern ich sah ihn außer mir. Wohl war er ganz gleich, aber er war doch wieder ein anderer, denn ich konnte ihn mit meinem inneren Auge außerhalb von mir sehen. Er war auch ich, aber er war ein Ich, das nicht ganz so wirklich war wie ich, der hier in einer Droschke fuhr, er war wie ein Schatten oder ein Gespenst, oder wie ein Doppelgänger.

Manchmal konnte diese Erscheinung etwas sehr Beängstigendes haben, so wenn dieses zweite Ich etwas tat, was mir gar nicht recht war, und mein erstes Ich hatte dafür einzustehen, als habe es dies selbst getan. Aber in diesem Augenblick, eingezwängt in der übervollen Droschke an einem noch frischen Sommermorgen, war es fast erlösend, daß ich dies andere Ich dort in der Wohnung zurückließ, mürrisch und unzufrieden. Ein tiefes Glück überkam mich, daß ich fort von ihm fuhr, in den Sommer hinein, an einen Ort, wo es dieses andere Ich bestimmt nicht gab.

Ich wußte, es würden glückliche Ferien. Ich sah auf die Bäume des Tiergartens, ich sah das Grün und die hellen Kleider, ich war plötzlich so fröhlich wie noch nie. In mir sang es: ›Ich fahre in die Ferien! Berlin ist erledigt! Ich fahre von der Schule fort! In meinem Zimmer steht der andere Hans Fallada, dessen ich mich immer schämen muß, und ich fahre fort von ihm! Was bin ich glücklich!‹

Ein deutliches Mal fühlte ich mich in diesen Jahren ganz im Einklang mit mir. Es gab keine Zerrissenheit, keinen Zweifel mehr ... Ich war wirklich glücklich ...

THOMAS MANN

Buddenbrooks

Sommerferien an der See! Begriff wohl irgend Jemand weit und breit, was für ein Glück das bedeutete? Nach dem schwerflüssigen und sorgenvollen Einerlei unzähliger Schultage vier Wochen lang eine friedliche und kummerlose Abgeschiedenheit, erfüllt von Tanggeruch und dem Rauschen der sanften Brandung ... Vier Wochen, eine Zeit, die an ihrem Beginne nicht zu übersehen und ermessen war, an deren Ende zu glauben unmöglich und von deren Ende zu sprechen eine lästerliche Roheit war. Niemals verstand es der kleine Johann, wie dieser oder jener Lehrer es über sich gewann, am Schlusse des Unterrichtes Redewendungen laut werden zu lassen, wie etwa: »Hier werden wir nach den Ferien fortfahren und zu dem und dem übergehen ...« Nach den Ferien! Er schien sich noch darauf zu freuen, dieser unbegreifliche Mann im blanken Kammgarnrock! Nach den Ferien! War das überhaupt ein Gedanke? So wundervoll weit in graue Ferne entrückt war Alles, was jenseits dieser vier Wochen lag!

In einem der beiden Schweizer Häuser, welche, durch einen schmalen Mittelbau verbunden, mit der »Conditorei« und dem Hauptgebäude des Kurhauses eine gerade Linie bildeten: welch ein Erwachen, am ersten Morgen, nachdem Tags zuvor das Vorzeigen des Zeugnisses wohl oder übel überstanden und die Fahrt in der bepackten Droschke zurückgelegt war! Ein unbestimmtes Glücksgefühl, das in seinem Körper emporstieg und sein Herz sich zusammenziehen ließ, schreckte ihn auf ... er öffnete die Augen und umfaßte mit einem gierigen und seligen Blick die altfränkischen Möbel des reinlichen kleinen Zimmers. ... Eine Sekunde schlaftrunkener, wonniger Verwirrung – und dann begriff er, daß er in Travemünde war, für vier unermeßliche Wochen in Travemünde! Er regte sich nicht; er lag still auf dem

Rücken in dem schmalen gelbhölzernen Bette, dessen Linnen vor Alter außerordentlich dünn und weich waren, schloß hie und da aufs Neue seine Augen und fühlte, wie seine Brust in tiefen, langsamen Atemzügen vor Glück und Unruhe erzitterte.

Das Zimmer lag in dem gelblichen Tageslicht, das schon durch das gestreifte Rouleau hereinfiel, während doch ringsum noch Alles still war und Ida Jungmann sowohl wie Mama noch schliefen. Nichts war zu vernehmen als das gleichmäßige und friedliche Geräusch, mit dem drunten der Hausknecht den Kies des Kurgartens harkte, und das Summen einer Fliege, die zwischen Rouleau und Fenster beharrlich gegen die Scheibe stürmte, und deren Schatten man auf der gestreiften Leinwand in langen Zickzack-Linien umherschießen sah ... Stille! Das einsame Geräusch der Harke und monotones Summen! Und dieser sanft belebte Friede erfüllte den kleinen Johann alsbald mit der köstlichen Empfindung jener ruhigen, wohlgepflegten und distinguierten Abgeschiedenheit des Bades, die er so über Alles liebte. Nein, Gott sei gepriesen, hierher kam keiner der blanken Kammgarnröcke, die auf Erden Regeldetri und Grammatik vertraten, hierher nicht, denn es war ziemlich kostspielig hier draußen ...

Ein Anfall von Freude machte, daß er aus dem Bette sprang und auf nackten Füßen zum Fenster lief. Er zog das Rouleau empor, öffnete den einen Flügel, indem er den weiß lackierten Haken löste, und blickte der Fliege nach, die über die Kieswege und Rosenbeete des Kurgartens hin davonflog. Der Musiktempel, im Halbkreise von Buchsbaum umwachsen, stand noch leer und still den Hotel-Gebäuden gegenüber. Das »Leuchtenfeld«, das seinen Namen nach dem Leuchtturm trug, der irgendwo zur Rechten aufragte, dehnte sich unter dem weißlich bezogenen Himmel aus, bis sein kurzes, von kahlen Erdflecken unterbrochenes Gras in hohe und harte Strandgewächse und dann in Sand überging, dort, wo man die Reihen der kleinen, hölzernen Privatpavillons und der Sitzkörbe unterschied, die auf die See hinausblickten. Sie lag da, die See, in Frieden und

Morgenlicht, in flaschengrünen und blauen, glatten und gekrausten Streifen, und ein Dampfer kam zwischen den rotgemalten Tonnen, die ihm den Kurs bezeichneten, von Kopenhagen daher, ohne daß man zu wissen brauchte, ob er »Najaden« oder »Friederike Oeverdieck« hieß. Und Hanno Buddenbrook zog wieder tief und mit stiller Seligkeit den würzigen Atem ein, den die See zu ihm herübersandte, und grüßte sie zärtlich mit den Augen, mit einem stummen, dankbaren und liebevollen Gruße.

Und dann begann der Tag, der erste dieser armseligen achtundzwanzig Tage, die anfangs wie eine ewige Seligkeit erschienen und, waren die ersten vorüber, so verzweifelt schnell zerrannen ... Es wurde auf dem Balkon oder unter dem großen Kastanienbaum gefrühstückt, der drunten vor dem Kinderspielplatze stand, dort, wo die große Schaukel hing, – und Alles, der Geruch, den das eilig gewaschene Tischtuch ausströmte, wenn der Kellner es ausbreitete, die Servietten aus Seidenpapier, das fremdartige Brot, der Umstand, daß man die Eier nicht wie zu Hause mit knöchernen, sondern mit gewöhnlichen Teelöffeln und aus metallenen Bechern aß, – Alles entzückte den kleinen Johann.

Und was folgte, war Alles frei und leicht geordnet, ein wunderbar müßiges und pflegesames Wohlleben, das ungestört und kummerlos verging: Der Vormittag am Strande, während droben die Kurkapelle ihr Morgenprogramm erledigte, dieses Liegen und Ruhen zu Füßen des Sitzkorbes, dieses zärtliche und träumerische Spielen mit dem weichen Sande, der nicht beschmutzt, dieses mühe- und schmerzlose Schweifen und Sichverlieren der Augen über die grüne und blaue Unendlichkeit hin, von welcher, frei und ohne Hindernis, mit sanftem Sausen ein starker, frisch, wild und herrlich duftender Hauch daherkam, der die Ohren umhüllte und einen angenehmen Schwindel hervorrief, eine gedämpfte Betäubung, in der das Bewußtsein von Zeit und Raum und allem Begrenzten still selig unterging ... Das Baden dann, das hier eine erfreulichere Sache war als in Herrn Asmussens Anstalt, denn es gab hier kein »Gänsefutter«, das hellgrüne, kristallklare Wasser schäumte weithin, wenn man es aufrührte, statt eines schleimigen Bretterbodens schmeichelte der weich gewellte Sandboden den Sohlen, und Konsul Hagenströms Söhne waren weit, sehr weit, in Norwegen oder Tyrol. Der Konsul liebte es, im Sommer eine ausgedehntere Erholungsreise zu unternehmen – und warum also nicht, nicht wahr … Ein Spaziergang, zur Erwärmung, den Strand entlang, bis zum »Mövenstein« oder zum »Seetempel«, ein Imbiß, am Sitzkorbe eingenommen, – und die Stunde näherte sich, da man hinauf in die Zimmer ging, um vor der Toilette zur Table d'hôte eine kleine Stunde zu ruhen. Die Table d'hôte war lustig, das Bad stand in Flor, viele Leute, Familien, die den Buddenbrooks befreundet waren, sowohl wie Hamburger und sogar englische und russische Herrschaften füllten den großen Saal des Kurhauses, an einem feierlichen Tischchen kredenzte ein schwarz gekleideter Herr die Suppe aus einer silberblanken Terrine, es gab vier Gänge, die schmackhafter, würziger und jedenfalls auf irgend eine festlichere Weise zubereitet waren, als zu Hause, und an vielen Stellen der langen Tafeln ward Champagner getrunken. Oftmals kamen einzelne Herren aus der Stadt, die sich von ihren Geschäften nicht während der ganzen Woche fesseln ließen, die sich amüsieren und nach dem Essen die Roulette ein wenig in Bewegung setzen wollten: Konsul Peter Döhlmann, der seine Tochter zu Hause gelassen hatte, und mit schallender Stimme auf Plattdeutsch so ungenierte Geschichten erzählte, daß die Hamburger Damen vor Lachen husteten und um einen Augenblick Pause baten; Senator Doktor Cremer, der alte Polizeichef; Onkel Christian und sein Schulfreund, Senator Gieseke, der ebenfalls ohne Familie war und alles für Christian Buddenbrook bezahlte … Später, wenn die Erwachsenen zu den Klängen der Musik unter dem Zeltdache der Konditorei den Kaffee tranken, saß Hanno auf einem Stuhle unermüdlich vor den Stufen des Tempels und lauschte … Es war gesorgt für den Nachmittag. Es gab eine Schießbude im Kurgarten, und zur Rechten der Schweizerhäuser standen die Stallgebäude mit Pferden, Eseln und Kühen, deren Milch man warm, schaumig und duftend zur Vesperstunde trank. Man konnte einen Spaziergang machen, in das Städtchen, die »Vorderreihe« entlang; man konnte von dort aus mit einem Boote zum »Priwal« übersetzen, an dessen Strande es Bernstein zu finden gab, konnte sich auf dem Kinderspielplatze an einer Krocket-Partie beteiligen oder sich auf einer Bank des bewaldeten Hügels, der hinter den Hôtels gelegen war, und auf dem die große Table-d'hôte-Glocke hing, von Ida Jungmann vorlesen lassen ... Und doch war das Klügste stets, zur See zurückzukehren und noch im Zwielicht, das Gesicht dem offenen Horizonte zugewandt, auf der Spitze des Bollwerks zu sitzen, den großen Schiffen, die vorüberglitten, mit dem Taschentuch zuzuwinken und zu horchen, wie die kleinen Wellen mit leisem Plaudern wider die Steinblöcke klatschten und die ganze Weite ringsum von diesem gelinden und großartigen Sausen erfüllt war, das dem kleinen Johann gütevoll zusprach und ihn beredete, in ungeheurer Zufriedenheit seine Augen zu schließen. Dann aber sagte Ida Jungmann: »Komm, Hannochen; müssen gehen; Abendbrotzeit; wirst dir den Tod holen, wenn du hier wirst schlafen wollen ...« Welch ein beruhigtes, befriedigtes und in wohltätiger Ordnung arbeitendes Herz er immer mitnahm vom Meere! Und wenn er sein Abendbrot mit Milch oder stark gemalztem Braunbier im Zimmer gegessen hatte, während seine Mutter später in der Glasveranda des Kurhauses in größerer Gesellschaft speiste, so senkte sich, kaum daß er wieder zwischen dem altersdünnen Linnen seines Bettes lag, zu den sanften und vollen Schlägen eben dieses befriedigten Herzens und den gedämpften Rhythmen des Abendkonzertes ganz ohne Schrecken und Fieber der Schlaf über ihn ...

WALTER BENJAMIN

Vergrößerungen

LESENDES KIND. Aus der Schülerbibliothek bekommt man ein Buch. In den unteren Klassen wird ausgeteilt. Nur hin und wieder wagt man einen Wunsch. Oft sieht man neidisch ersehnte Bücher in andere Hände gelangen. Endlich bekam man das seine. Für eine Woche war man gänzlich dem Treiben des Textes anheimgegeben, das mild und heimlich, dicht und unablässig, wie Schneeflocken einen umfing. Dahinein trat man mit grenzenlosem Vertrauen. Stille des Buches, die weiter und weiter lockte! Dessen Inhalt war gar nicht so wichtig. Denn die Lektüre fiel noch in die Zeit, da man selber Geschichten im Bett sich ausdachte. Ihren halbverwehten Wegen spürt das Kind nach. Beim Lesen hält es sich die Ohren zu; sein Buch liegt auf dem viel zu hohen Tisch und eine Hand liegt immer auf dem Blatt. Ihm sind die Abenteuer des Helden noch im Wirbel der Lettern zu lesen wie Figur und Botschaft im Treiben der Flocken. Sein Atem steht in der Luft der Geschehnisse und alle Figuren hauchen es an. Es ist viel näher unter die Gestalten gemischt als der Erwachsene. Es ist unsäglich betroffen von dem Geschehen und den gewechselten Worten und wenn es aufsteht, ist es über und über beschneit vom Gelesenen.

NASCHENDES KIND. Im Spalt des kaum geöffneten Speiseschranks dringt seine Hand wie ein Liebender durch die Nacht vor. Ist sie dann in der Finsternis zu Hause, so tastet sie nach Zucker oder Mandeln, nach Sultaninen oder Eingemachtem. Und wie der Liebhaber, ehe er's küßt, sein Mädchen umarmt, so hat der Tastsinn mit ihnen ein Stelldichein, ehe der Mund ihre Süßigkeit kostet. Wie gibt der Honig, geben Haufen von Korinthen, gibt sogar Reis sich schmeichelnd in die Hand. Wie leidenschaftlich dies Begegnen beider, die endlich nun dem Löffel entronnen sind. Dankbar und wild, wie eine, die man aus dem Elternhause sich geraubt hat, gibt hier die Erdbeermarmelade ohne Semmel und gleichsam unter Gottes freiem Himmel sich zu schmecken, und selbst die Butter erwidert mit Zärtlichkeit die Kühnheit eines Werbers, der in ihre Mägdekammer vorstieß. Die Hand, der jugendliche Don Juan, ist bald in alle Zellen und Gelasse eingedrungen, hinter sich rinnende Schichten und strömende Mengen: Jungfräulichkeit, die ohne Klagen sich erneuert.

HANS CHRISTIAN ANDERSEN

Nur ein Spielmann

Es war Juli. Der Kleine spielte in dem leeren Torfschuppen, der die Grenze zwischen seinem Zuhause und seiner Feenwelt bildete. In der Ecke hatten sich einige Steine gelöst; der Kleine legte sich nieder und guckte durch die Fugen, aber alles, was er sah, waren nur die grünen Blätter, die die Sonne transparent machte. Mit bebender Hand, als sei es ein Mysterium, das er enthüllen wollte, wagte er einen Mauerstein herauszuziehen; der darüberliegende glitt schief herab; das Herz des Jungen pochte, er wagte sich nicht zu rühren. Nach kurzer Zeit faßte er wieder Mut. Die Öffnung war größer, doch konnte er nicht mehr überblicken als einen Fleck von der Größe eines Erdbeerbüschels. Für die kindliche Phantasie jedoch lag hierin ein Reichtum, ein Anblick, wie ihn für den Erwachsenen der üppigste Obstbaum bietet, dessen Zweige von den reifen Früchten zu Boden gezogen werden. Die Erdbeerblätter waren groß und saftig, durch einzelne schienen die Sonnenstrahlen hindurch, andere hingegen lagen dunkel im Schatten, und inmitten dieser Üppigkeit hingen zwei große, rote Beeren, frisch und voll. Die Trauben Kanaans hatten keine reichere Vorstellung von Fruchtbarkeit erweckt als diese beiden Beeren. In dem Anblick lag auch die Versuchung, sie zu pflücken, aber das konnte man nicht wagen! Den einen Stein aus der Mauer zu nehmen, war Sünde genug für den ersten Tag.

Am folgenden Nachmittag lagen die Steine immer noch unberührt da. Durch den Luftzug durch die Öffnung bewegten sich die grünen Blätter. Da waren ja die Beeren; er streckte die kleine Hand ängstlich aus, berührte die Beeren, ohne sie aber zu pflücken; doch als er die Hand wieder zurücknahm, legten sich die Finger um den grünen Stiel, gleichzeitig jedoch begegnete eine kleine Kinderhand der seinen; er zog seine Hand mit solcher Schnelligkeit zurück, daß einer der Steine herausglitt, er selbst sprang zur Seite; erst nach einigen erwartungsvollen Augenblicken wagte er sich wieder näher und guckte durch die vergrößerte Öffnung.

Ein Paar große braune Kinderaugen begegneten den seinen. Sie verschwanden ebenso schnell, kamen aber bald wieder zum Vorschein. Es war ein hübsches, kleines Mädchen; neugierig sah es ihn aus vorsichtiger Entfernung durch die Öffnung an.

Es war Naomi, die Enkelin des Juden, ungefähr ein Jahr jünger als der Junge. Er hatte sie schon früher oben am Fenster ihres Großvaters stehen sehen, da hatte sie gelbe Saffian-Stiefelchen getragen, die einen unauslöschlichen Eindruck auf den Jungen gemacht hatten.

Die Kinder starrten sich eine Weile an.

»Kleiner Junge!« sagte Naomi. »Du kannst ruhig zu mir hereinkommen! Mach das Loch größer!«

Und wie auf Befehl einer mächtigen Fee glitten noch zwei Steine heraus.

»Wie heißt du?« fragte sie.

»Christian!« antwortete der Junge und steckte den Kopf in den sonnenbeschienenen, duftenden Garten. Naomi schob die Zweige der Weinranken beiseite, die die Mauer reichlich beschatteten. Er stand im Land der Träume und betrachtete es versunken.

Ein Erwachsener würde hier nur einen hübschen, kleinen Garten in voller Blütenpracht gesehen haben, mit vielen seltenen Blumen, Wein, der sich die Wände hinaufrankte, einer Pappel und weiter weg zwei Akazien; wir müssen ihn aber so betrachten, wie der eintretende Junge ihn erblickte, wir müssen mit ihm den starken Blumenduft einatmen, die warmen Sonnenstrahlen fühlen, die reiche Pracht bewundern.

Üppige, breitblättrige Weinranken, duftendes Geißblatt und blaue und rote Winden schlängelten sich an den Wänden empor und bildeten eine Tapete. Ein Lustwäldchen aus Moosrosen schloß sich halbmondförmig um die prächtigsten Levkojen von seltener Größe und Farbenvielfalt, von schwarzblau bis schneefarben; ihr Duft schien jeden anderen zu verdrängen. Bei der Pappel, um die der dunkelgrüne Efeu seine festen Blätter schlang, stand die kleine Naomi mit den klugen Gazellen-Augen und dem braunen Teint, der auf die asiatische Abstammung deutete; das Blut aber leuchtete frisch und schön durch die runden Wangen, die von dem schwarzen Haar umwogt wurden. Ein dunkles Kleid mit einem Ledergürtel umschloß die hübsche Kindergestalt.

Sie zog ihn zu der Bank unter der Akazie hin, wo die blaßroten Blüten in dichten Büscheln hingen. Die schönsten Erdbeeren mit saftigem Fruchtfleisch wurden verzehrt. Der Junge blickte um sich, in eine hesperische Welt versetzt, die von der gewohnten Umgebung so weit entfernt zu sein schien; da klapperte hoch oben der Storch, und er erkannte das Nest und die Jungen, die dort standen und ihre klugen Augen auf ihn zu richten schienen.

Naomi nahm ihn an der Hand, und sie gingen in das kleine Lusthaus, das nur Platz für vier Personen bot, den Kindern aber wie ein großer Saal vorkam.

Ein einziges Fenster mit dunkelrotem Glas warf ein sonderbares Licht auf die bunte Tapete, wo Tiere, Vögel und Blumen sich ineinander verschlangen; ein Straußenei, das durch den roten Lichtschein eine seltsame Feuerfarbe erhielt, hing unter der Kuppel. Naomi zeigte auf die Fensterscheibe, Christian starrte hindurch, und draußen lag alles höchst wundersam beleuchtet; er mußte an den brennenden Berg denken, von dem sein Vater erzählt hatte. Alles stand im Feuerglanz! Jeder Busch und jede Blume glühte, die Wolken erschienen wie Feuer in einer Feuerluft. Selbst der Storch, das Nest und die Jungen standen in Flammen.

»Es brennt!« rief Christian, aber Naomi lachte und klatschte in die Händchen. Sobald die Kinder durch die offene Tür blickten, hatte alles wieder seine frische, grüne Farbe, ja diese schien sogar stärker zu sein, als wenn sie draußen im Grünen standen.

Auch die Blumen zeigten sich in ihrer Farbenpracht, und der weiße Storch mit seinen roten Beinen stand wie immer da.

»Wollen wir Geldverkaufen spielen?« sagte die kleine Naomi, wobei sie einen Grashalm durch zwei Blätter zog. Es stellte eine Waage dar. Gelbe, rote und blaue Blätter waren das Geld.

»Die roten sind die kostbarsten!« sagte sie. »Du mußt sie kaufen, aber du mußt mir auch etwas dafür geben! Das soll ein Pfand sein! Du kannst mir deinen Mund geben! Wir spielen das nur, ich nehme ihn nicht wirklich. Du mußt mir deine Augen geben!«

Sie machte mit der Hand eine Bewegung, als ob sie sie nähme, und Christian bekam die roten und die blauen Blätter. Noch nie hatte er so schön gespielt.

»Barmherziger Gott! Christian, bist du da drinnen?« rief Maria und steckte den Kopf halb durch die Öffnung, der die Kleinen sich genähert hatten.

Erschrocken ließ er Naomis Hand fahren, verlor die bunten Blumenblätter und kroch durch die Öffnung zurück, wo er mit ein paar fühlbaren Schlägen auf den Rücken empfangen wurde. Die Steine wurden, so gut es ging, wieder an ihrer alten Stelle angebracht, und dergleichen Kunststücke, wie Maria es nannte, wurden auf das strengste verboten; doch während der Arbeit verweilte sie ein wenig und betrachtete den Garten; außerdem pflückte sie die nächste Erdbeere ab und verzehrte sie.

Am nächsten Tag waren, von der Seite des Gartens her, dichte Planken davor geschlagen; sicher hatte Naomi von dem Besuch erzählt. Vergebens drückte Christian die Steine gegen die Bretter, ja er wagte sogar anzuklopfen. – – Der Eingang zu dem schönen Blumenland war verschlossen.

Reich und lebendig stand die ganze Pracht vor ihm, Bäume und Blumen, das rote Fensterglas und die hübsche Naomi. Daran dachte er am Abend, bis er einschlief.

Meine Kinderjahre

Wir hatten verschiedene Spielplätze. Der uns liebste war aber wohl der am Bollwerk und zwar gerade da, wo die mehrerwähnte von unserm Hause abzweigende Seitenstraße einmündete. Die ganze Stelle war sehr malerisch, besonders auch im Winter, wo hier die festgelegten und ihrer Obermasten entkleideten Schiffe lagen, oft drei hintereinander, also bis ziemlich weit in den Strom hinein. Uns hier am Bollwerk herumzutummeln und auf den ausgespannten Tauen, so weit sie dicht über dem Erdboden hinliefen, unsere Seiltänzerkünste zu üben, war uns gestattet und nur eines stand unter Verbot: wir durften nicht auf die Schiffe gehn und am wenigsten die Strickleiter hinauf bis in den Mastkorb klettern. Ein sehr vernünftiges Verbot. Aber je vernünftiger es war, desto größer war unser Verlangen, es zu übertreten und bei »Räuber und Wandersmann«, das wir alle sehr liebten, verstand sich diese Übertretung beinahe von selbst. Entdeckung lag überdies außerhalb der Wahrscheinlichkeit; die Eltern waren entweder bei ihrer »Partie« oder zu Tisch geladen. »Also nur vorwärts. Und petzt einer, so kommt er noch schlimmer weg als wir.«

So dachten wir auch eines Sonntags im April 31. Es muß um diese Jahreszeit gewesen sein, weil mir noch der klare und kalte Luftton deutlich vor Augen steht. Auf dem Schiffe war keine Spur von Leben und am Bollwerk keine Menschenseele zu sehn, was mir des ferneren beweist, daß es ein Sonntag war.

Ich, als der älteste und stärkste, war natürlich Räuber und acht oder zehn kleinere Jungens – unter denen nur ein einziger, ein Illegitimer, der, wie zu Begleichung seiner Geburt, Fritz Ehrlich hieß, es einigermaßen mit mir aufnehmen konnte – waren schon vom Kirchplatz her, wo wie gewöhnlich die Jagd begonnen hatte, dicht hinter mir her. Ziemlich abgejagt kam ich am Bollwerk an und weil es hier keinen anderen Ausweg für mich gab, lief ich, über eine breite und feste Bohlenlage fort, auf das zunächst liegende Schiff hinauf. Die ganze Meute mir nach, was natürlich zur Folge hatte, daß ich vom ersten Schiff alsbald aufs zweite und vom zweiten aufs dritte mußte. Da ging es nun nicht weiter und wenn ich mich meiner Feinde trotzdem erwehren wollte, so blieb mir nichts anderes übrig, als auf dem Schiffe selbst nach einem Versteck oder wenigstens nach einer schwer zugänglichen Stelle zu suchen. Und ich fand auch so was und kletterte auf den etwa mannshohen, neben der Kajüte befindlichen Oberbau hinauf, darin sich, neben andren Räumlichkeiten, gemeinhin auch die Schiffsküche zu befinden pflegte. Etliche, in die steile Wandung eingelegte Stufen erleichterten es mir. Und da stand ich nun oben, momentan geborgen und sah als Sieger auf meine Verfolger. Aber das Siegesgefühl konnte nicht lange dauern; die Stufen waren wie für mich so auch für andre da und in kürzester Frist stand Fritz Ehrlich ebenfalls oben. Ich war verloren, wenn ich nicht auch jetzt noch einen Ausweg fand und mit aller Kraft und so weit der schmale Raum es zuließ einen Anlauf nehmend, sprang ich, von dem Küchenbau her, über die zwischenliegende Wasserspalte hinweg auf das zweite Schiff zurück und jagte nun wie von allen Furien verfolgt, wieder aufs Ufer zu. Und nun hatt ich's und den Frei-Platz vor unserm Hause zu gewinnen, war nur noch ein kleines für mich. Aber ich sollte meiner Freude darüber nicht lange froh werden, denn im selben Augenblicke fast wo ich wieder festen Boden unter meinen Füßen hatte, hörte ich auch schon von dem dritten und zweiten Schiff her ein jämmerliches Schreien und dazwischen meinen Namen, so daß ich wohl merkte, da müsse was passiert sein. Und so schnell wie ich eben über die polternde Bohlenlage ans Ufer gekommen, eben so schnell ging es auch wieder über dieselbe zurück. Es war höchste Zeit. Fritz Ehrlich hatte mir den Sprung von der Küche her nachmachen wollen und war dabei, weil er zu kurz sprang, in die zwischen dem dritten und zweiten Schiff befindliche Wasserspalte gefallen. Da steckte nun der arme Junge, mit seinen Nägeln in die Schiffsritzen hineingreifend; denn an schwimmen, wenn er überhaupt schwimmen konnte, war nicht zu denken. Dazu das eiskalte Wasser. Ihn von obenher so ohne weiteres abzureichen, war unmöglich und so griff ich denn nach einem von der einen Strickleiter etwas herabhängenden Tau und ließ mich, meinen Körper durch allerlei Künste nach Möglichkeit verlängernd, an der Schiffswand so weit herab, daß Fritz Ehrlich meinen am weitesten nach unten reichenden linken Fuß gerade noch fassen konnte. Oben hielt ich mich mit der rechten Hand. »Pack zu, Fritz.« Aber der brave Junge, der wohl einsehen mochte, daß wir beide verloren waren, wenn er wirklich fest zupackte, beschränkte sich darauf seine Hand leise auf meine Stiefelspitze zu legen und so wenig dies war, so war es doch gerade genug für ihn, sich über Wasser zu halten. Vielleicht war er auch, aus natürlicher Beanlagung, ein sogenannter »Wassertreter« oder hatte, was schließlich noch wahrscheinlicher, das bekannte Glück der Illegitimen. Gleichviel, er blieb in der Schwebe, bis Leute vom Ufer her herankamen und ihm einen Bootshaken herunterreichten, während andre ein an »Hannemanns Klapp« liegendes Boot losmachten und in den Zwischenraum hineinfuhren, um ihn da herauszufischen. Ich meinerseits war in dem Augenblick, wo der rettende Bootshaken kam, von einem mir Unbekannten, von oben her, am Kragen gepackt und mit einem strammen Ruck wieder auf Deck gehoben worden. Von Vorwürfen, die sonst bei solchen Gelegenheiten nicht ausbleiben, war diesmal keine Rede. Den triefenden, von Schüttelfrost gepackten Fritz Ehrlich brachten die Leute nach einem ganz in der Nähe gelegenen Hause, während wir andern, in kleinlauter Stimmung, unsren Heimweg antraten. Ich freilich auch gehoben, trotzdem ich wenig Gutes von der Zukunft erwartete.

Meine Befürchtungen erfüllten sich aber nicht. Im Gegenteil.

Am andern Vormittag, als ich in die Schule wollte, stand mein Vater schon im Hausflur und hielt mich fest, denn Nachbar

Pietzker, der gute Zipfelmützenmann, hatte wieder geplaudert. Freilich mehr denn je in guter Absicht.

»Habe von der Geschichte gehört ...« sagte mein Vater. »Alle Wetter, daß du nicht gehorchen kannst. Aber es soll hingehen, weil du dich gut benommen hast. Weiß alles. Pietzker drüben ...«

Und damit war ich entlassen.

Wie gerne denk' ich daran zurück, nicht um mich in meiner Heldentat zu sonnen, sondern in Dank und Liebe zu meinem Vater. So muß Erziehung sein. Der liebenswürdige Mann, wenn er zum Strafen abkommandiert wurde, traf er's nicht immer glücklich, wenn er aber seinem unmittelbaren Gefühle folgen konnte, traf er's desto besser.

JOACHIM RINGELNATZ

Vorfreude auf Weihnachten

Ein Kind – von einem Schiefertafel-Schwämmchen
Umhüpft – rennt froh durch mein Gemüt.

Bald ist es Weihnacht! – Wenn der Christbaum blüht,
Dann blüht er Flämmchen.
Und Flämmchen heizen. Und die Wärme stimmt
Uns mild. – Es werden Lieder, Düfte fächeln. –

Wer nicht mehr Flämmchen hat, wem nur noch
Fünkchen glimmt,

Wird dann noch gütig lächeln.
Wenn wir im Traume eines ewigen Traumes
Alle unfeindlich sind – einmal im Jahr! –
Uns alle Kinder fühlen eines Baumes.

Wie es sein soll, wie's allen einmal war.

JOSEPH VON EICHENDORFF

Weihnachten

Markt und Straßen stehn verlassen,
Still erleuchtet jedes Haus,
Sinnend geh ich durch die Gassen,
Alles sieht so festlich aus.

An den Fenstern haben Frauen
Buntes Spielzeug fromm geschmückt,
Tausend Kindlein stehn und schauen,
Sind so wunderstill beglückt.

Und ich wandre aus den Mauern
Bis hinaus ins freie Feld,
Hehres Glänzen, heilges Schauern!
Wie so weit und still die Welt!

Sterne hoch die Kreise schlingen,
Aus des Schnees Einsamkeit
Steigts wie wunderbares Singen –
O du gnadenreiche Zeit!

E. T. A. HOFFMANN

Nußknacker und Mausekönig

Der Weihnachtsabend

Am vier und zwanzigsten Dezember durften die Kinder des Medizinalrats Stahlbaum den ganzen Tag über durchaus nicht in die Mittelstube hinein, viel weniger in das daran stoßende Prunkzimmer. In einem Winkel des Hinterstübchens zusammengekauert, saßen Fritz und Marie, die tiefe Abenddämmerung war eingebrochen und es wurde ihnen recht schaurig zu Mute, als man, wie es gewöhnlich an dem Tage geschah, kein Licht hereinbrachte. Fritz entdeckte ganz insgeheim wispernd der jüngern Schwester (sie war eben erst sieben Jahr alt worden) wie er schon seit früh Morgens es habe in den verschlossenen Stuben rauschen und rasseln, und leise pochen hören. Auch sei nicht längst ein kleiner dunkler Mann mit einem großen Kasten unter dem Arm über den Flur geschlichen, er wisse aber wohl, daß es niemand anders gewesen als Pate Droßelmeier. Da schlug Marie die kleinen Händchen vor Freude zusammen und rief: Ach was wird nur Pate Droßelmeier für uns schönes gemacht haben. Der Ober-Gerichtsrat Droßelmeier war gar kein hübscher Mann, nur klein und mager, hatte viele Runzeln im Gesicht, statt des rechten Auges ein großes schwarzes Pflaster und auch gar keine Haare, weshalb er eine sehr schöne weiße Perücke trug, die war aber von Glas und ein künstliches Stück Arbeit. Überhaupt war der Pate selbst auch ein sehr künstlicher Mann, der sich sogar auf Uhren verstand und selbst welche machen konnte. Wenn daher eine von den schönen Uhren in Stahlbaums Hause krank war und nicht singen konnte, dann kam Pate Droßelmeier, nahm die Glasperücke ab, zog sein gelbes Röckchen aus, band eine blaue Schürze um und stach mit spitzigen Instrumenten in die Uhr hinein, so daß es der kleinen Marie ordentlich wehe tat, aber es verursachte der Uhr gar keinen Schaden, sondern sie wurde vielmehr wieder lebendig und fing gleich an recht lustig zu schnurren, zu schlagen und zu singen, worüber denn Alles große Freude hatte. Immer trug er, wenn er kam, was hübsches für die Kinder in der Tasche, bald ein Männlein, das die Augen verdrehte und Komplimente machte, welches komisch anzusehen war, bald eine Dose, aus der ein Vögelchen heraushüpfte, bald was anderes. Aber zu Weihnachten, da hatte er immer ein schönes künstliches Werk verfertigt, das ihm viel Mühe gekostet, weshalb es auch, nachdem es einbeschert worden, sehr sorglich von den Eltern aufbewahrt wurde. – »Ach, was wird nur Pate Droßelmeier für uns schönes gemacht haben«, rief nun Marie; Fritz meinte aber, es könne wohl diesmal nichts anders sein, als eine Festung, in der allerlei sehr hübsche Soldaten auf- und abmarschierten und exerzierten und dann müßten andere Soldaten kommen, die in die Festung hineinwollten, aber nun schössen die Soldaten von innen tapfer heraus mit Kanonen, daß es tüchtig brauste und knallte. Nein, nein, unterbrach Marie den Fritz: Pate Droßelmeier hat mir von einem schönen Garten erzählt, darin ist ein großer See, auf dem schwimmen sehr herrliche Schwäne mit goldnen Halsbändern herum und singen die hübschesten Lieder. Dann kommt ein kleines Mädchen aus dem Garten an den See und lockt die Schwäne heran, und füttert sie mit süßem Marzipan. »Schwäne fressen keinen Marzipan«, fiel Fritz etwas rauh ein, »und einen ganzen Garten kann Pate Droßelmeier auch nicht machen. Eigentlich haben wir wenig von seinen Spielsachen; es wird uns ja alles gleich wieder weggenommen, da ist mir denn doch das viel lieber, was uns Papa und Mama einbescheren, wir behalten es fein und können damit machen, was wir wollen.« Nun rieten die Kinder hin und her, was es wohl diesmal wieder geben könne. Marie meinte, daß Mamsell Trutchen (ihre große Puppe) sich sehr verändere, denn ungeschickter als jemals fiele sie jeden Augenblick auf den Fußboden, welches ohne garstige Zeichen im Gesicht nicht abginge, und dann sei an Reinlichkeit in der Kleidung gar nicht mehr zu denken. Alles tüchtige Ausschelten helfe nichts. Auch habe Mama gelächelt, als sie sich über Gretchens kleinen Sonnenschirm so gefreut. Fritz versicherte dagegen, ein tüchtiger Fuchs fehle seinem Marstall durchaus so wie seinen Truppen gänzlich an Kavallerie, das sei dem Papa recht gut bekannt. – So wußten die Kinder wohl, daß die Eltern ihnen allerlei schöne Gaben eingekauft hatten, die sie nun aufstellten, es war ihnen aber auch gewiß, daß dabei der liebe heilige Christ mit gar freundlichen frommen Kindesaugen hineinleuchte und daß wie von segensreicher Hand berührt, jede Weihnachtsgabe herrliche Lust bereite wie keine andere. Daran erinnerten die Kinder, die immerfort von den zu erwartenden Geschenken wisperten, ihre ältere Schwester Luise hinzufügend, daß es nun aber auch der heilige Christ sei, der durch die Hand der lieben Eltern den Kindern immer das beschere, was ihnen wahre Freude und Lust bereiten könne, das wisse er viel besser als die Kinder selbst, die müßten daher nicht allerlei wünschen und hoffen, sondern still und fromm erwarten, was ihnen beschert worden. Die kleine Marie wurde ganz nachdenklich, aber Fritz murmelte vor sich hin: Einen Fuchs und Husaren hätt ich nun einmal gern.

Es war ganz finster geworden. Fritz und Marie fest an einander gerückt, wagten kein Wort mehr zu reden, es war ihnen als rausche es mit linden Flügeln um sie her und als ließe sich eine ganz ferne, aber sehr herrliche Musik vernehmen. Ein heller Schein streifte an der Wand hin, da wußten die Kinder, daß nun das Christkind auf glänzenden Wolken fortgeflogen zu andern glücklichen Kindern. In dem Augenblick ging es mit silberhellem Ton: Klingling, klingling, die Türen sprangen auf, und solch ein Glanz strahlte aus dem großen Zimmer hinein, daß die Kinder mit lautem Ausruf: Ach! – Ach! wie erstarrt auf der Schwelle stehen blieben. Aber Papa und Mama traten in die Türe, faßten die Kinder bei der Hand und sprachen: Kommt doch nur, kommt doch nur, ihr lieben Kinder und seht, was euch der heilige Christ beschert hat.

Die Gaben

Ich wende mich an Dich selbst, sehr geneigter Leser oder Zuhörer Fritz – Theodor – Ernst – oder wie Du sonst heißen magst und bitte Dich, daß Du Dir Deinen letzten mit schönen bunten Gaben reich geschmückten Weihnachtstisch recht lebhaft vor Augen bringen mögest, dann wirst Du es Dir wohl auch denken können, wie die Kinder mit glänzenden Augen ganz verstummt stehen blieben, wie erst nach einer Weile Marie mit einem tiefen Seufzer rief: Ach wie schön – ach wie schön, und Fritz einige Luftsprünge versuchte, die ihm überaus wohl gerieten. Aber die Kinder mußten auch das ganze Jahr über besonders artig und fromm gewesen sein, denn nie war ihnen so viel schönes, herrliches einbeschert worden als diesesmal. Der große Tannenbaum in der Mitte trug viele goldne und silberne Äpfel, und wie Knospen und Blüten keimten Zuckermandeln und bunte Bonbons und was es sonst noch für schönes Naschwerk gibt, aus allen Ästen. Als das schönste an dem Wunderbaum mußte aber wohl gerühmt werden, daß in seinen dunkeln Zweigen hundert kleine Lichter wie Sternlein funkelten und er selbst in sich hinein und herausleuchtend die Kinder freundlich einlud seine Blüten und Früchte zu pflücken. Um den Baum umher glänzte alles sehr bunt und herrlich – was es da alles für schöne Sachen gab – ja, wer das zu beschreiben vermöchte! Marie erblickte die zierlichsten Puppen, allerlei saubere kleine Gerätschaften und was vor allem schön anzusehen war, ein seidenes Kleidchen mit bunten Bändern zierlich geschmückt, hing an einem Gestell so der kleinen Marie vor Augen, daß sie es von allen Seiten betrachten konnte und das tat sie denn auch, indem sie einmal über das andere ausrief: Ach das schöne, ach das liebe – liebe Kleidchen: und das werde ich – ganz gewiß – das werde ich wirklich anziehen dürfen! – Fritz hatte indessen schon drei- oder viermal um den Tisch herum galoppierend und trabend den neuen Fuchs versucht, den er in der Tat am Tische angezäumt gefunden. Wieder absteigend, meinte er: es sei eine wilde Bestie, das täte aber nichts, er wolle ihn schon kriegen, und musterte die neue Schwadron Husaren, die sehr prächtig in

Rot und Gold gekleidet waren, lauter silberne Waffen trugen und auf solchen weißglänzenden Pferden ritten, daß man beinahe hätte glauben sollen, auch diese seien von purem Silber. Eben wollten die Kinder, etwas ruhiger geworden, über die Bilderbücher her, die aufgeschlagen waren, daß man allerlei sehr schöne Blumen und bunte Menschen, ja auch allerliebste spielende Kinder, so natürlich gemalt als lebten und sprächen sie wirklich, gleich anschauen konnte. – Ja! eben wollten die Kinder über diese wunderbaren Bücher her, als nochmals geklingelt wurde. Sie wußten, daß nun der Pate Droßelmeier einbescheren würde, und liefen nach dem an der Wand stehenden Tisch. Schnell wurde der Schirm, hinter dem er so lange versteckt gewesen, weggenommen. Was erblickten da die Kinder! – Auf einem grünen mit bunten Blumen geschmückten Rasenplatz stand ein sehr herrliches Schloß mit vielen Spiegelfenstern und goldnen Türmen. Ein Glockenspiel ließ sich hören, Türen und Fenster gingen auf, und man sah, wie sehr kleine aber zierliche Herrn und Damen mit Federhüten und langen Schleppkleidern in den Sälen herumspazierten. In dem Mittelsaal, der ganz in Feuer zu stehen schien – so viel Lichterchen brannten an silbernen Kronleuchtern – tanzten Kinder in kurzen Wämschen und Röckchen nach dem Glockenspiel. Ein Herr in einem smaragdenen Mantel sah oft durch ein Fenster, winkte heraus und verschwand wieder, so wie auch Pate Droßelmeier selbst, aber kaum viel höher als Papas Daumen zuweilen unten an der Tür des Schlosses stand und wieder hineinging. Fritz hatte mit auf dem Tisch gestemmten Armen das schöne Schloß und die tanzenden und spazierenden Figürchen angesehen, dann sprach er: Pate Droßelmeier! Laß mich mal hineingehen in dein Schloß! – Der Obergerichts-Rat bedeutete ihn, daß das nun ganz und gar nicht anginge. Er hatte auch Recht, denn es war töricht von Fritzen, daß er in ein Schloß gehen wollte, welches überhaupt mit samt seinen goldnen Türmen nicht so hoch war, als er selbst. Fritz sah das auch ein. Nach einer Weile, als immerfort auf dieselbe Weise die Herrn und Damen hin und her spazierten, die Kinder tanzten, der smaragdne Mann zu demselben Fenster heraussah, Pate Droßelmeier vor die Türe trat, da rief Fritz ungeduldig: Pate Droßelmeier, nun komm mal zu der andern Tür da drüben heraus. »Das geht nicht, liebes Fritzchen«, erwiderte der Obergerichtsrat. Nun so laß mal, sprach Fritz weiter, laß mal den grünen Mann, der so oft herauskuckt, mit den andern herumspazieren. Das geht auch nicht, erwiderte der Obergerichtsrat aufs neue. So sollen die Kinder herunter kommen, rief Fritz, ich will sie näher besehen. Ei das geht alles nicht, sprach der Obergerichtsrat verdrießlich, wie die Mechanik nun einmal gemacht ist, muß sie bleiben. Soo? fragte Fritz mit gedehnten Ton, das geht alles nicht? »Hör mal Pate Droßelmeier, wenn deine kleinen geputzten Dinger in dem Schlosse nichts mehr können als immer dasselbe, da taugen sie nicht viel, und ich frage nicht sonderlich nach ihnen. – Nein, da lob' ich mir meine Husaren, die müssen manövrieren vorwärts, rückwärts, wie ichs haben will und sind in kein Haus gesperrt.« Und damit sprang er fort an den Weihnachtstisch und ließ seine Escadron auf den silbernen Pferden hin und her trottieren und schwenken und einhauen und feuern nach Herzenslust. Auch Marie hatte sich sachte fortgeschlichen, denn auch sie wurde des Herumgehens und Tanzens der Püppchen im Schlosse bald überdrüssig, und mochte es, da sie sehr artig und gut war, nur nicht so merken lassen, wie Bruder Fritz. Der Obergerichtsrat Droßelmeier sprach ziemlich verdrießlich zu den Eltern: Für unverständige Kinder ist solch künstliches Werk nicht, ich will nur mein Schloß wieder einpacken; doch die Mutter trat hinzu, und ließ sich den innern Bau und das wunderbare, sehr künstliche Räderwerk zeigen, wodurch die kleinen Püppchen in Bewegung gesetzt wurden. Der Rat nahm alles auseinander, und setzte es wieder zusammen. Dabei war er wieder ganz heiter geworden, und schenkte den Kindern noch einige schöne braune Männer und Frauen mit goldnen Gesichtern, Händen und Beinen. Sie waren sämtlich aus Thorn, und rochen so süß und angenehm wie Pfefferkuchen, worüber Fritz und Marie sich sehr erfreuten. Schwester Luise hatte, wie es die Mutter gewollt, das schöne Kleid angezogen, welches ihr einbeschert worden, und sah wunderhübsch aus, aber Marie meinte, als sie auch ihr Kleid anziehen sollte, sie möchte es lieber noch ein Bißchen so ansehen. Man erlaubte ihr das gern.

Der Schützling

Eigentlich mochte Marie sich deshalb gar nicht von dem Weihnachtstisch trennen, weil sie eben etwas noch nicht Bemerktes entdeckt hatte. Durch das Ausrücken von Fritzens Husaren, die dicht an dem Baum in Parade gehalten, war nämlich ein sehr vortrefflicher kleiner Mann sichtbar geworden, der still und bescheiden da stand, als erwarte er ruhig, wenn die Reihe an ihn kommen werde. Gegen seinen Wuchs wäre freilich vieles einzuwenden gewesen, denn abgesehen davon, daß der etwas lange, starke Oberleib nicht recht zu den kleinen dünnen Beinchen passen wollte, so schien auch der Kopf bei weitem zu groß. Vieles machte die propre Kleidung gut, welche auf einen Mann von Geschmack und Bildung schließen ließ. Er trug nämlich ein sehr schönes violettglänzendes Husarenjäckchen mit vielen weißen Schnüren und Knöpfchen, eben solche Beinkleider, und die schönsten Stiefelchen, die jemals an die Füße eines Studenten, ja wohl gar eines Offiziers gekommen sind. Sie saßen an den zierlichen Beinchen so knapp angegossen, als wären sie darauf gemalt. Komisch war es zwar, daß er zu dieser Kleidung sich hinten einen schmalen unbeholfenen Mantel, der recht aussah wie von Holz, angehängt, und ein Bergmannsmützchen aufgesetzt hatte, indessen dachte Marie daran, daß Pate Droßelmeier ja auch einen sehr schlechten Matin umhänge, und eine fatale Mütze aufsetze, dabei aber doch ein gar lieber Pate sei. Auch stellte Marie die Betrachtung an, daß Pate Droßelmeier, trüge er sich auch übrigens so zierlich wie der Kleine, doch nicht einmal so hübsch als er aussehen werde. Indem Marie den netten Mann, den sie auf den ersten Blick lieb gewonnen, immer mehr und mehr ansah, da wurde sie erst recht inne, welche Gutmütigkeit auf seinem Gesichte lag. Aus den hellgrünen, etwas zu großen hervorstehenden Augen sprach nichts als Freundschaft und Wohlwollen. Es stand dem Manne gut, daß sich um sein Kinn ein wohlfrisierter Bart von weißer Baumwolle legte, denn um so mehr konnte man das süße Lächeln des hochroten Mundes bemerken. »Ach!« rief Marie endlich aus: »Ach lieber Vater, wem gehört denn der allerliebste kleine Mann dort am Baum?« »Der«, antwortete der Vater, »der, liebes Kind! soll für euch alle tüchtig arbeiten, er soll euch fein die harten Nüsse aufbeißen, und er gehört Luisen eben so gut, als dir und dem Fritz.« Damit nahm ihn der Vater behutsam vom Tische, und indem er den hölzernen Mantel in die Höhe hob, sperrte das Männlein den Mund weit, weit auf, und zeigte zwei Reihen sehr weißer spitzer Zähnchen. Marie schob auf des Vaters Geheiß eine Nuß hinein, und knack – hatte sie der Mann zerbissen, daß die Schalen abfielen, und Marie den süßen Kern in die Hand bekam. Nun mußte wohl jeder und auch Marie wissen, daß der zierliche kleine Mann aus dem Geschlecht der Nußknacker abstammte, und die Profession seiner Vorfahren trieb. Sie jauchzte auf vor Freude, da sprach der Vater: »da dir, liebe Marie, Freund Nußknacker so sehr gefällt, so sollst du ihn auch besonders hüten und schützen, unerachtet, wie ich gesagt, Luise und Fritz ihn mit eben so vielem Recht brauchen können als du!« – Marie nahm ihn sogleich in den Arm, und ließ ihn Nüsse aufknacken, doch suchte sie die kleinsten aus, damit das Männlein nicht so weit den Mund aufsperren durfte, welches ihm doch im Grunde nicht gut stand. Luise gesellte sich zu ihr, und auch für sie mußte Freund Nußknacker seine Dienste verrichten, welches er gern zu tun schien, da er immerfort sehr freundlich lächelte. Fritz war unterdessen vom vielen Exerzieren und Reiten müde geworden, und da er so lustig Nüsse knacken hörte, sprang er hin zu den Schwestern, und lachte recht von Herzen über den kleinen drolligen Mann, der nun, da Fritz auch Nüsse essen wollte, von Hand zu Hand ging, und gar nicht aufhören konnte mit Auf- und Zuschnappen. (…)

Die Natur muss gefühlt werden.

MAX HALBE

Der Frühlingsgarten

Vor etwa einem Menschenalter stand am äußersten Rande der alten süddeutschen Universitätsstadt, in der ich mein erstes Studentensemester verlebt habe, ein einstöckiges, breit hingelagertes Landhaus von vornehmem, wenn auch etwas baufälligem Ansehen, in der Art eines Schlößchens aus dem achtzehnten Jahrhundert. Der kokett geschweifte Dachgiebel über dem Mittelgeschoß, in den die einzige Oberstube des sonst ebenerdigen Hauses eingebaut war, trug noch die Formen eines vereinfachten und ländlichen Rokokos. Dagegen zeigte der auf sechs glatten hölzernen Säulen ruhende Verandavorbau vor dem Mitteltrakt bereits ausgesprochene Empirebehandlung und mochte einem äußeren Bedürfnis zuliebe in der späteren Napoleonischen Zeit angefügt worden sein.

Der Überlieferung zufolge sollte der letzte Kurfürst aus der nachmals erloschenen Linie, die über Stadt und Land regiert hatte, das Schlößchen für eine seiner Mätressen erbaut und hier in ihren weißen Armen so manchen heiter lichten Frühlingsabend und manche schwüle Sommernacht verlebt haben. In der Tat sah man unter dem Verandasäulenbau dicht vor dem Hauseingang eine runde Porphyrfliese in den Boden eingelassen, die das kurfürstliche Wappen mit der Umschrift *MON REPOS* und der Jahreszahl *A D 1773* trug.

Was aber das Schönste war an diesem einstigen kurfürstlichen Liebesheim: es lag inmitten eines mächtigen, ganz verwilderten und verwachsenen Obst-, Blumen- und Baumgartens, der ursprünglich wohl ebenso wie das Haus selbst im französischen Geschmack angelegt gewesen war, denn es zeigten sich noch Reste von Wasserkünsten, schnurgeraden Gartenwegen und ausgearteten Taxushecken. Über dies alles aber waren die Mairegen und Juligluten, Novemberstürme und Märzenschnee eines vollen Jahrhunderts niedergegangen und hatten die zierlichen Blumenbeete fortgewaschen, die gezirkelten Bosketts in wildes Gestrüpp verwandelt und die nackten Leiber der Marmorgöttinnen mit grünen Mänteln von Moos bedeckt. Die warme, weiche, südliche Natur hatte den feuchtüppigen Schoß dieses Bodens mit ihrem fruchtbaren Atem gesegnet. In unerschöpflicher Werdelust hatte sie keimen, wachsen, blühen, absterben und von neuem verschwenderisch aufsprießen lassen, und die bürgerlich geschäftigen Menschen, die hier nach dem wollüstigen Kurfürsten und der galanten Hofdame eingezogen und wieder verschwunden waren, hatten unbekümmert um den Geschmack eines vergangenen Geschlechts in die verfallenen Reste der alten Herrlichkeit hineingepflanzt und -gesät, -gewühlt, -gegraben, bis die einst so übersichtliche und regelmäßige Gartenanlage sich zu einer wuchernden und schier undurchdringlichen Wildnis zusammengeschlossen hatte.

Da standen hundertjährige Ulmen, Linden und Kastanien, breitästig und hochwipflig, in deren Zweigen viele Generationen von Amseln und Finken genistet und ihre Sehnsucht mit immer gleichem Wohllaut in den jungen Lenz hinausgeflötet und -geschluchzt hatten. Der Faulbaum war da, dessen weiße Dolden die ersten Maiennächte mit schwülem Hauch erfüllten, Goldregen, Weiß- und Rotdorn, die es ihm an betäubendem Duft gleichtaten, zarte Pfirsich- und Aprikosenstämmchen, ein Wald von Apfel-, Kirsch- und Birnbäumen, die, angetan mit ihrem weiß und rosa Blütenkleid, in der bleichen Dämmerung windstiller Aprilabende wie Geisterbäume dastanden. Da sah man Reben- und Obstspaliere, an den Mauern des Hauses hinauf- und von Baum zu Baum in Mannshöhe entlang gezogen, dazwischen die langen Rücken der Gemüsebeete: Kohlköpfe, Salate, Küchenkräuter, hochumsponnene Bohnenstangen und niedrigeres Erbsengerank, ein blinkendes, schillerndes, gleißendes, saftgrünes, fettgraues, würziges Blattwerk. Einige Schritte weiter, und man trat über einen üppig weichen Rasenteppich, in den der Fuß versank, in die vornehme Zurückgezogenheit hochstämmiger Rosenstöcke, leidenschaftlich duftender Nelkenbeete und schmachtender Gruppen von Narzissen und Feuerlilien. Aber als ob die neugierige und anmaßende Zudringlichkeit des weit und breit wuchernden Volkes von Nutzpflanzen und Küchenkräutern selbst vor diesem aristokratischen Quartier hochmütig und zwecklos blühender Schönheit nicht haltmachen wolle, so mischten sich zwischen die abgeschlossenen Zirkel der Rosen, Päonien und Narzissen auch hier wieder einzelne Obstbäume von zwangloser Behäbigkeit, verwachsene Himbeer- und Stachelbeersträucher, winzige Beete kriechender Gartenerdbeeren und das Emporkömmlingsgeschlecht kletternder Rebengewinde.

Ringsherum aber um diese Welt von Fruchtbarkeit und Wachstum, geilen Sprießens und hochmütigen Blühens, verwitterter Marmornymphen und zartgrüner Salatköpfe mit dem inmitten eingebetteten Rokokoschlößchen, ringsherum um dies alles zog sich eine dicke, weiße, mannshohe Steinmauer, innen überragt von einer fortlaufenden, undurchdringlich dichten Fliederhecke, die sich zur Himmelfahrts- und frühen Pfingstzeit über und über mit weißen und lila Blütendolden wie zum Brautfest des jungen Frühlings schmückte.

Schlößchen und Garten mochten zur Zeit des alternden Kurfürsten und seines jungen Liebchens noch einsam in der wohlbebauten Ebene gelegen haben, weitab von der schicksalsreichen Universitäts- und einstigen Residenzstadt, die sich mit ihrer hochragenden, efeuumgrünten Schloßruine wohl gerade nur auf das schmale kleine Fleckchen beschränkte, wo die Waldhöhen sich öffnen und dem schnell hinschießenden Bergfluß den Austritt in die dunstige Ebene freilassen.

Auch zu der Zeit, als ich mit ahnungsvollem Herzen und leichtem Gepäck meinen Einzug in das Studententum hielt, war die Stadt, wenn auch auf beiden Ufern dem Fluß entlang weiter hinausgewachsen, doch immer noch mit ihren ausgreifenden Spinnenarmen in einiger Entfernung von der verzauberten Gartenwildnis, und man mußte wohl eine gewisse Mühe und Pfadfinderschaft aufwenden, um den Weg zu entdecken.

Schon am ersten Tage, als ich, um Quartier zu suchen, durch die Straßen der Stadt und weiter hinaus vor die Tore streifte, hatten mich die hohen, fernen Baumwipfel wunderlich angezogen, aber vor der verschlossen abweisenden Parkpforte hatte mich plötzlich der Mut verlassen, und gesenkten Kopfes, als schämte ich mich vor irgendwem oder irgendetwas, hatte ich den Rückzug angetreten. Und nun stand ich an einem warmen, wolkenlosen Aprilnachmittag, tags darauf, zum zweitenmal vor dem bronzenen Gartentor mit seinem hochmütigen Löwenhaupt, das in einer unwahrscheinlichen Heraldik modelliert war.

Ich war mittelgroß, blond, schlank und achtzehn Jahre alt. Die Welt, in die ich soeben hinausgetreten war, erschien mir voller seltsamer Rätsel und holder Abenteuer, die wie bunte Schmetterlinge unter einem tiefblauen Frühlingshimmel vor meinen berauschten Augen gaukelten und mich lockten, ihnen in die traumhafte Ferne nachzujagen. Was Wunder, daß diese grüne wilde Parkeinsamkeit, die hier wie eine umgürtete Insel mitten in den offenen Feldern der reichen Ebene lag, es mir mit ihrer geheimnisvollen Unnahbarkeit angetan hatte!

Das Herz klopfte mir bis zum Halse herauf, als ich mit einem selbstvergessenen Ruck, wie es der letzte Griff eines Ertrinkenden ist, an dem rostigen Ringe des Löwenmaules zog und gleich darauf ein kleiner grauhaariger, über die Maßen dicker Mann, fast wie ein Alräunchen aussehend, mit einem uralt verwitterten und doch wieder merkwürdig zeitlosen Gesicht, mir öffnete. »Kommen Sie nur herein, junger Herr!« sagte er gleichmütig und rückte an seinem Sammetkäppchen. Die Frau wartet schon auf Sie.«

Ohne mir im Augenblick klarzumachen, was das bedeuten könne, da ich mich doch ganz unbekannt hier wußte, folgte ich dem voranwatschelnden Alten, der so etwas wie ein Gärtner oder ein allgemeines Hausfaktotum sein mochte, durch einen dämmergrünen Laubengang und befand mich um eine kurze scharfe Wegbiegung herum plötzlich angesichts des dichtumrankten Schlößchens und vor der schon wartenden Hausherrin.

Es war eine feine, zarte, aber wohlgewachsene und ebenmäßige Erscheinung in mittleren Jahren, mit edeln Zügen, die noch schön zu nennen waren, und großen dunkeln leidenschaftlichen Augen, in die sich verlorne Jugend und überwundener Schmerz gerettet zu haben schienen. Das tief kastanienbraune Haar war in der Mitte gescheitelt und fiel wellig um die reine freie Stirn. Sie trug ein leichtes, helles, duftiges Sommerkleid und einen Florentinerhut am Arm. Alles an ihr erschien anmutig und mädchenhaft und von so gewinnendem Reiz, daß ich sofort eine unendliche Sympathie in mir empfand, als sei ich einer längst gekannten mütterlichen Freundin wieder begegnet.

Auch schien es, als werde diese rasche Sympathie von der schönen graziösen Frau ein wenig erwidert, denn ich fühlte ihre Augen nicht ohne Wohlgefallen auf mir ruhen, als ich ihr nun mein Anliegen vorbrachte. Seltsam! Alle meine Bangigkeit, mit der ich soeben noch vor dem Gartentor gestanden hatte, war wie durch ein Zauberwort von mir genommen, und es war, wie wenn der heimatliche Friede dieses Frühlingsgartens mir mit sanften weichen Händen über die heißen Schläfen streichelte.

»Haben Sie wirklich den Weg zu uns gefunden?« sagte die schöne Frau und schüttelte lächelnd den Kopf. »Es muß schon ein Sonntagskind sein, wem das gelingt.«

»Ein Sonntagskind?« erwiderte ich. »Das bin ich allerdings. Wenigstens an einem Sonntag geboren. Also halt' ich mich dafür.«

Die schöne Frau sah mich mit einem bedeutsamen Blick an und lächelte wieder.

»Zu uns kommen *nur* Sonntagskinder heraus. Und nur Sonntagskindern wird aufgemacht.«

Wir schwiegen beide. Ich hatte das Gefühl, als hielte mich irgend etwas im Bann, ich wußte nicht was.

»Aber es ist ja gar nicht so schwer, hier herauszufinden«, meinte ich schließlich unsicher. »Man sieht die Linden und Ulmen schon von weitem.«

»Es mag doch wohl schwerer sein, als es scheint«, entgegnete sie nachdenklich. »Man muß auch die richtigen Augen im Kopfe haben, um die Bäume zu entdecken. Vielleicht haben nur Sonntagskinder die Augen.«

»Ja, eine verzauberte Insel!« sagte ich plötzlich, scheinbar ohne Zusammenhang, und fegte mit meinem Arm begeistert durch die Luft. »Eine richtige verzauberte Insel! Hier werd' ich Gedichte machen können! Gedichte ...!«

»Wollen Sie Gedichte machen oder wollen Sie leben?« fragte sie mit einem reizend mokanten Lächeln um die Mundwinkel, das ihrem mädchenhaft fraulichen Antlitz eine ganz neue Beleuchtung gab.

»Am liebsten beides!« rief ich entzückt. »Denn gehört nicht auch beides zusammen wie Donner und Blitz oder wie Flamme und Licht?«

»Erst leben«, erwiderte sie und hob bedeutsam, doch ohne Lehrhaftigkeit, den Finger. »Erst leben und dann Gedichte machen! Dazu sind Sie nach Monrepos gekommen. Auf die verzauberte Insel, mein Herr.«

Ich sah sie an in ihrer reifen und doch so jugendlichen Grazie und fühlte, wie mir eine Blutwelle ins Gesicht schoß.

»Ja, leben!« rief ich und breitete die Arme hoch über dem Kopf. »Leben! Leben! Und alles andere ... alles andere nachher ...«

»Das findet sich dann von selbst«, fiel sie ein und lächelte ungemein schalkhaft. »Bei Sonntagskindern natürlich nur. Die schütteln die Verse nur so von den Bäumen herunter wie Äpfel und Nüsse. Aber erst müssen doch Bäume gewachsen sein, nicht wahr, mein Herr?«

»Hier gibt es ja Bäume in Hülle und Fülle, um Verse zu schütteln«, sagte ich übermütig.

»Und auch die Menschen sind da, um leben zu lernen«, nickte sie.

Ich mußte mich wohl etwas verwundert umgesehen haben, denn sie setzte lächelnd hinzu:

»Ich habe drei Töchter, mein Herr. Es ist nicht so einsam, wie es scheint. Und jetzt wollen wir Ihren künftigen Musensitz betrachten gehen.«

Plötzlich fiel mir ein, daß ich mich noch nicht vorgestellt hatte.

»Mein Name ist Ziegler, Bernhard Ziegler«, sagte ich und machte eine ziemlich linkische Verbeugung, über die ich mich selbst im stillen ärgerte.

»Frau von Mitnacht«, entgegnete sie einfach.

EDUARD MÖRIKE

Frühling läßt sein blaues Band
Wieder flattern durch die Lüfte;
Süße, wohlbekannte Düfte
Streifen ahnungsvoll das Land.
Veilchen träumen schon,
Wollen balde kommen.
– Horch, von fern ein leiser Harfenton!
Frühling, ja du bists!
Dich hab ich vernommen!

Frühlingsblick

Durch den Wald, den dunkeln, geht
Holde Frühlingsmorgenstunde,
Durch den Wald vom Himmel weht
Eine leise Liebeskunde.

Selig lauscht der grüne Baum,
Und er taucht mit allen Zweigen
In den schönen Frühlingstraum,
In den vollen Lebensreigen.

Blüht ein Blümlein irgendwo,
Wird's vom hellen Thau getränket,
Das einsame zittert froh,
Daß der Himmel sein gedenket.

In geheimer Laubesnacht
Wird des Vogels Herz getroffen
Von der großen Liebesmacht,
Und er singt ein süßes Hoffen.

All das frohe Lenzgeschick
Nicht ein Wort des Himmels kündet;
Nur sein stummer, warmer Blick
Hat die Seligkeit entzündet;

Also in den Winterharm,
Der die Seele hielt bezwungen,
Ist ein Blick mir, still und warm,
Frühlingsmächtig eingedrungen.

Leise zieht durch mein Gemüth
Liebliches Geläute.
Klinge, kleines Frühlingslied,
Kling' hinaus in's Weite.

Kling' hinaus, bis an das Haus,
Wo die Blumen sprießen.
Wenn du eine Rose schaust,
Sag', ich lass' sie grüßen.

Mondnacht

Es war, als hätt' der Himmel
Die Erde still geküßt,
Daß sie im Blüten-Schimmer
Von ihm nun träumen müßt'.

Die Luft ging durch die Felder,
Die Ähren wogten sacht,
Es rauschten leis die Wälder,
So sternklar war die Nacht.

Und meine Seele spannte
Weit ihre Flügel aus,
Flog durch die stillen Lande,
Als flöge sie nach Haus.

KARL KRAUS

Post festum

Schöner als in die Sonne zu sehn
ist es, vor ihr die Augen zu schließen.
Dann erst werden sie übergehn
und du wirst Farbenwunder genießen.

AUGUST HEINRICH HOFFMANN VON FALLERSLEBEN

Der Sommer

Der Sommer, der Sommer,
Das ist die schönste Zeit:
Wir ziehen in die Wälder
Und durch die Au'n und Felder
Voll Lust und Fröhlichkeit.

Der Sommer, der Sommer,
Der schenkt uns Freuden viel:
Wir jagen dann und springen
Nach bunten Schmetterlingen
Und spielen manches Spiel.

Der Sommer, der Sommer,
Der schenkt uns manchen Fund:
Erdbeeren wir uns suchen
Im Schatten hoher Buchen
Und laben Herz und Mund.

Der Sommer, der Sommer,
Der heißt uns lustig sein:
Wir winden Blumenkränze
Und halten Reigentänze
Beim Abendsonnenschein.

Sommerfrische

Zupf dir ein Wölkchen aus dem Wolkenweiß,
Das durch den sonnigen Himmel schreitet.
Und schmücke den Hut, der dich begleitet,
Mit einem grünen Reis.

Verstecke dich faul in der Fülle der Gräser.
Weil's wohltut, weil's frommt.
Und bist du ein Mundharmonikabläser
Und hast eine bei dir, dann spiel, was dir kommt.

Und laß deine Melodien lenken
Von dem freigegebenen Wolkengezupf.
Vergiß dich. Es soll dein Denken
Nicht weiter reichen als ein Grashüpferhupf.

Parc Monceau

Hier ist es hübsch. Hier kann ich ruhig träumen.
Hier bin ich Mensch – und nicht nur Zivilist.
Hier darf ich links gehn. Unter grünen Bäumen
sagt keine Tafel, was verboten ist.

Ein dicker Kullerball liegt auf dem Rasen.
Ein Vogel zupft an einem hellen Blatt.
Ein kleiner Junge gräbt sich in der Nasen
und freut sich, wenn er was gefunden hat.

Es prüfen vier Amerikanerinnen,
ob Cook auch recht hat und hier Bäume stehn.
Paris von außen und Paris von innen:
sie sehen nichts und müssen alles sehn.

Die Kinder lärmen auf den bunten Steinen.
Die Sonne scheint und glitzert auf ein Haus.
Ich sitze still und lasse mich bescheinen
und ruh von meinem Vaterlande aus.

ALEXANDER KAUFMANN

Idyll

Es war in lauer, linder Sommerzeit,
Daß unsere Liebe lustig aufgeblüht –
Du trugest noch das wasserblaue Kleid –
Wir lebten wie man lebt im schönen Süd.

Der Strom war unser, Berg und Thal und Feld,
Im Walde schattete ein kühles Haus;
Der junge Morgen traf uns schon gesellt,
Und bis zum Abend blieben oft wir aus.

Und wo die alte Waldkapelle steht –
Die Vögel nisteten im Hochaltar –
Da brachtest du dein flüchtiges Gebet
Dem schwarzen Muttergottesbilde dar.

Da kniet' ich öfter dir zur Seite, legt'
Still deine Hand in meine, und es schien,
Als habe sich das treue Bild geregt
Und blicke segnend nach dem Paare hin.

Wie oft vergaßen wir dein Hütchen dann,
Das weiße Hütchen mit dem rothen Band!
Man sah dir bald den Sommervogel an,
Und »braunes Mädchen« hab' ich dich genannt.

Auch war es lange mit dem »Sie« vorbei,
Dies steife Wort, wie hätt' es uns gestört!
Als ob mein Mädchen schon mein Bräutchen sei,
Ward leis' ein »Du«, das trauteste, gehört.

Doch mußten Abends wir zurück zum Schloß,
Wie ward es anders! Ernsthaft ging es her,
Es kam Besuch, ein Strom von Strahlen floß
So hell, als ob es Tag bei Nachtzeit wär'.

Dann galt es wohl, daß sich in Trauer nicht
Uns wandelte der Liebe frohes Fest;
Doch haben wir uns auch beim Sternenlicht
Verstohlen oft an's warme Herz gepreßt. –

O dieser Sommer – keinen zweiten mehr
Hat uns das Leben so mit Lust gekränzt;
Bei der Erinn'rung wird mein Herz so schwer,
Daß mir das Aug' von Thränenperlen glänzt.

Noch schweif' ich im Gebirg, durch Wald und Feld,
Oft schauert's mich vor tiefer Einsamkeit,
Und dennoch geht ein Schimmer durch die Welt,
Nachschimmer jener schönen Sommerzeit.

JOHANN WILHELM LUDWIG GLEIM

An die Sonne

Sonne, alle Menschenzungen
Loben deine goldne Strahlen.
Bäche, wo sich Nymphen baden,
Wo sie sich am Ufer trocknen;
Täler, wo sich Hirt und Herde
Deiner Glut entgegen lagert;
Berge, wo von dir erwärmet
Eis und Schnee in Täler rinnet;
Klippen, wo an kalten Eichen
Ziegen hangen, Gemsen klettern;
Fluren, wo Narzissen blühen,
Wo dein Strahl Violen wärmet,
Danken dir für deine Strahlen:
Aber ich kann dir nicht danken;
Denn du strahltest gar zu helle,
Als mich in der Sommerlaube
Keine Mutter sehen sollte.

Es steht die Welt in Blüte

Ein Vers singt in mir den ganzen Tag, ein Vers von einem Lied, das ich vor mehr als Jahresfrist las.

> Es steht die Welt in Blüte,
> in Blüte steht dein Herz.

Die Sonne scheint heiß und das Grün kommt hell und die Vögel singen laut und die Falter fliegen froh und das schöne Lied ist in meiner Seele, wie Sonnenschein und Knospenbrechen und Vogelsang und Falterflug. Und es scheint und sprießt und singt und flattert in mir den ganzen Tag: Es steht die Welt in Blüte.

Als ich ein Junge war mit blondem Zottelkopf und Armen und Beinen, die aus der stets zu kurzen Jacke und den ewig zerrissenen Hosen herauswuchsen, da kannte ich das schöne Lied nicht, und doch sang es in mir, wenn die Traubenkirsche am Waldbach ihr grünes Kleid anzog, wenn alle Vögel sangen und die gelben Schmetterlinge flogen und aus dem braunen Fallaube die Frühlingsblumen kamen weiß und gelb und grün und rot und blau, wie heute: Es steht die Welt in Blüte.

Und dann mußte ich hinaus, ganz allein, in den Buchwald am See, wo der Frühling einzog mit flatternden Fahnen und klingendem Spiel. Und wenn dann die Sonne die kalten Buchenstämme warm tönte und alles blitzen und leuchten ließ in meinem Walde, das Alte und das Neue, das Lebendige und das Tote, das junge Grün und das alte Laub, das dürre Gras und das frische Moos, die trockenen Reiser und die saftigen Blätter, dann zog Frühlingstrunkenheit in mein Jungensherz, und mit lachenden Augen sah ich in den lachenden Tag.

Ist sie noch da, die Kinderfreude? Lebt sie noch in dir, die alte Frühlingstrunkenheit? Kannst du noch lachend dem Frühling in die Blauaugen sehn? Der Winter war lang, und die Kälte war hart, und der Wind war rauh und böse. Vielleicht ist zuviel verfroren, ausgewintert ist die Hoffnungssaat, und die Knospen sind tot gemacht von Frostnebel und Rauhreif.

Aber die Sonne ist so herrlich heiß, und in jedem Garten sind bunte Blumen, und ein Schmetterling tanzt über die Straße vor mir her. Gelb sind seine Flügel, goldgelb, und jeder hat einen kleinen roter Punkt.

Grün ist die Saat und hell ist der Weg und blau ist die Luft, alle Lerchen singen auf mich hinab, vom Klosterpark lockt des Grünspechtes Jubelruf, in blauem Duft liegt der Berg, silbern blitzen die Flügel der Windmühle, goldrot sind alle Häuser, jeder Baum rührt seine Knospen, braune Hasen spielen in der grünen Saat, Haubenlerchen jagen sich: Es steht die Welt in Blüte.

Im Klosterpark ist der Frühling Alleinherrscher. Alle Knospen hat er geöffnet, jeden Bodenfleck hat er bunt gestickt, alle Vögel hat er Lieder gelehrt. Das trillert in jedem Strauch, das flötet von jedem Wipfel, das pfeift aus allen Kronen, das schmettert in jedem Baum immer dasselbe Lied in hundert verschiedenen Weisen, laut und leise, keck und schüchtern, zart und voll.

Am Teich auf dem Hügel wird mir der Tisch gedeckt. Frühlingsfarben hat mein Mittagbrot. Gelb und weiß wie Hahnenfuß und Windrosen ist das Spiegelei, wie Traubenkirschblüte die Milch, wie Lärchenspornblumen der Schinken so rot. Fink und Meise, Drossel und Star, Rotschwanz und Trauerfliegenschnäpper machen mir die Tafelmusik, und der Grünspecht hämmert den Takt. Die Hühner räumen dann ab.

Ich dämmere in den Frühlingsnachmittag hinein. Wie das alles lebt und webt, das zarte Birkengrün drüben hinter dem Teich, das weiße Entenvolk im grünen Rasen, das Schwanzmeisenpaar im Eichengeäst, die dicken, aufbrechenden Kastanienknospen, die blitzblanken Starmätze hoch oben in den Wipfeln. Ein Zittern, ein geheimes Beben liegt in allen Knospen, in jedem neuen Blättchen, in jeder hellen Blüte, und aus jedem Vogelliede bebt und zittert die Liebeslust und die Lebensfreude. Aber aus dem Silberglöckchenliede des Rotkehlchens bebt und zittert es am innigsten von glücklicher Sehnsucht und sehnsüchtigem Glück.

Des Hahnes Krähen klingt anders, als wintertags. Jubelnd wiehert es aus den Ställen, und der Kühe Gebrüll ist weich und voll. Ein lockendes Flöten schwebt in der Luft; ein dunkler, silberfleckiger Uferläufer taumelt über die Wiesen; jetzt hat er das Weibchen gefunden und jagt es neckend hin und her. Dort unten am Teichbord fallen sie ein, die zierlichen Vögel. Alles hier ist jung und frisch, neu und schön. Wie Silber blitzt die Pflugschar, wie Gold das aufgestapelte Brennholz, die jungen Nesseln strotzen von Frische, und üppiges Grün schmückt das giftige Schöllkraut am Zaun. Lustig keckert der Laubfrosch sein Liebeslied, jubelnd schmettert der Fink von Liebe, zärtlich gurrend umknickst der schwarze Täuber auf dem silbern schimmernden Dache sein weißes Holdchen, immer wieder jauchzt der Grünspecht, überall brummen stillvergnügt die Hummeln, und wohin die Augen fallen, ist ein Frühlingswunder, ein gelbgrün blühender Ahornbusch, ein Veilchen im Gras, ein goldener Stern, eine weiße, nickende Blume, ein Schmetterling, tiefschwarz und elfenbeingelb, eine bunte, schimmernde Fliege.

Und ein Duft liegt im Walde, liegt über den Wiesen, verbindet Himmel und Erde, Rasen und Wasser, Boden und Tiere, schmilzt die weißen, rotfüßigen Enten und die schwarzen Krähen und bunten Hühner in das Gras hinein, webt die Frauen, die den Weg aufharken, in das Bild, löst aller Bäume Umrisse auf und läßt aller grünenden Kronen Grenzen verschwimmen in der großen, weichen, warmen Frühlingsstimmung, die über das Ganze fließt.

Und was der Frühling alle Wesen für neue Künste lehrt! Der Grünfink taumelt wie eine Fledermaus vor seinem Weibchen her, der Star klappt mit den Flügeln und tanzt und hopst und singt seiner Liebsten alle Lieder vor, die andere kleine Dichter erfanden, und der bunte Eichelhäher, der selbst kein Lied dichten kann, nur schwatzen und plappern, auch er sucht Eindruck zu machen mit anderer Sänger Lieder. Aber der Zaunkönig, der Knirps, singt das perlende Lied, das er selbst ersann, laut und lustig durch den Park, daß der rotschimmernde Turmfalk ganz erstaunt über der Eiche rüttelt, in der der Knirps herumhüpft.

In der knospenden Kastanie lockt sehnsüchtig eine Finkenhenne. Bunt flattert es heran, piept, girrt, und dann geht die Jagd los durch das Astwerk der kahlen Eiche. Die Eiche und die Kastanie, das sind Gegensätze. Die eine voll von mächtigen glänzenden klebrigen Knospen, aus denen die jungen Blattfächer kommen, die andere ohne jede schwellende Knospe, schwarz, hart, kühl der werbenden Sonne gegenüber. Die Kastanie ist ein Südländer, die Eiche ein Niedersachse. Die fangen nicht so leicht Feuer, aber wenn sie brennen, dann geben ihre Flammen viel Glut.

Über staubige Straßen gehe ich zum Walde. Da liege ich im Moos und starre durch die Föhrenkronen in den hellblauen Himmel. Über mir kreist ein Turmfalkenpaar, ein Kolkrabenpaar schwebt mit großem Schwunge dahin, der Täuber gurrt, wirft sich in die Luft und stiebt flügelklatschend zu seiner Frau herab, ein Schwarzspecht jagt lustig lachend seine Braut, zwei Zitronenfalter, ein tiefgelber und ein hellgelber, flattern an mir vorbei. Ich starre in den blauen, von schwarzen Föhrenkronen eingerahmten Fleck Himmel. Einsam steht darin die Mondsichel, silbern und kalt. Die teilt das Blühen der Welt nicht, die einsame.

Die Ulenflucht kommt. Das Schummern fällt in den Wald. Rot werden die Föhrenstämme, goldrot, goldrot auch die schwarzen Kronen. Ein Waldkauzpaar schwebt vorüber, ein Nachtschwalbenpaar auch, rufend und pfeifend. Irgendwo flötet die Nachtigall.

Es steht die Welt in Blüte.

Winter-Idyll

I

Schlitten klingeln durch die Gassen,
fußhoch liegt der Schnee geschichtet:
deutschem Winter muß man lassen,
daß er gar entzückend dichtet.

Und wir gehn, ein schneeweiß Pärchen,
Arm in Arm, mit heißen Wangen.
Welch ein süßes Wintermärchen
hält zwei Herzen heut gefangen!

II

Wie kann ein Tag voll so viel Schmerz
so wunderherrlich enden,
ein Abend an mein einsam Herz
so reiches Glück verschwenden!

Oh Mund, entflammt, oh Aug', entfacht
in schauerndem Begegnen! …
Oh aller Wunder holder Nacht,
wie magst du so mich segnen! …

III

Surre, surre, Rädchen,
hier sind tausend Fädchen
für ein Sonnenstrahlenzelt
um die weite, weite Welt!

Surre, surre, Rädchen,
denke doch! mein Mädchen
hat viel tausend Haare!
Reicht viel tausend Jahre!

Surre, surre, Rädchen,
tausend goldne Fädchen
wolln von dir zu Sonnenschein
heute noch gesponnen sein!

HEINRICH HEINE

Unterm weißen Baume sitzend
Hörst du fern die Winde schrillen,
Siehst wie oben stumme Wolken
Sich in Nebeldecken hüllen;
Siehst, wie unten ausgestorben

Wald und Flur, wie kahl geschoren; –
Um dich Winter, in dir Winter,
Und dein Herz ist eingefroren.

Plötzlich fallen auf dich nieder
Weiße Flocken, und verdrossen
Meinst du schon mit Schneegestöber
Hab' der Baum dich übergossen.

Doch es ist kein Schneegestöber,
Merkst es bald mit freud'gem Schrecken;
Duft'ge Frühlingsblüthen sind es,
Die dich necken und bedecken.

Welch ein schauersüßer Zauber!
Winter wandelt sich in Maye,
Schnee verwandelt sich in Blüthen,
Und dein Herz es liebt aufs Neue.

Eislauf

Auf spiegelndem Teiche
zieh' ich spiegelnde Gleise.
Der Kauz ruft leise.
Der Mond, der bleiche,
liegt über dem Teiche.

Im raschelnden Schilfe,
da weben die Mären,
da lachet der Sylphe
in silbernen Zähren,
tief innen im Schilfe.

Hei, fröhliches Kreisen,
dem Winde befohlen!
Glückseliges Reisen,
die Welt an den Sohlen,
in eigenen Kreisen!

Vergessen, vergeben,
im Mondlicht baden;
hingaukeln und schweben
auf nächtigen Pfaden!
Sich selber nur leben!

NACHWEISE

Die in Anführungen stehenden Titel sind von der Herausgeberin frei gewählt.

HANS CHRISTIAN ANDERSEN (1805–1875)

»Die Eisenbahn«

Aus: Ders.: *Eines Dichters Basar. Reiseerlebnisse in Deutschland, Italien, Griechenland und dem Orient*. Herausgegeben von Gisela Perlet. Kiepenheuer, Leipzig und Weimar 1984.

Nur ein Spielmann

Aus: Ders.: *Nur ein Spielmann*. Aus dem Dänischen von Bernd Kretschmer. S. Fischer Verlag, Frankfurt am Main 2005.

WALTER BENJAMIN (1892–1940)

Vergrößerungen (Auszug)

Aus: Ders.: *Gesammelte Schriften*. Bd. IV/1: Kleine Prosa, Baudelaire-Übertragungen. Herausgegeben von Tillman Rexroth. Suhrkamp, Frankfurt am Main 1991.

WILHELM BUSCH (1832–1908)

Frühlingslied

Aus: Ders.: *Was beliebt ist auch erlaubt*. Herausgegeben von Rolf Hochhuth. Bertelsmann, München 1982.

GOTTFRIED AUGUST BÜRGER (1747–1797)

Abendphantasie eines Liebenden

Aus: *Deutsche Liebeslieder*. Herausgegeben von Theodor Storm. Fischer Taschenbuch Verlag, Frankfurt am Main 2012.

SIMON DACH (1605–1659)

Lied der Freundschaft

Aus: Ders.: *Gedichte*. 4 Bände. Herausgegeben von Walter Ziesemer, Halle 1936–38.

MAX DAUTHENDEY (1867–1918)

Glück

Aus: Ders.: *Gesammelte Werke in 6 Bänden*, Band 4, Lyrik und kleinere Versdichtungen. A. Langen, München 1925.

JOSEPH VON EICHENDORFF (1788–1857)

Parole

Aus: *Deutsche Liebeslieder*. Herausgegeben von Theodor Storm. Fischer Taschenbuch Verlag, Frankfurt am Main 2012.

Weihnachten

Aus: Ders.: *Gedichte. Eine Auswahl*. Reclam, Stuttgart 1957.

Mondnacht

Aus: Ders.: *Sämtliche Gedichte und Versepen*. Herausgegeben von Hartwig Schultz. Insel, Frankfurt am Main und Leipzig 2005.

FRED ENDRIKAT (1890–1942)

Hymne an die Lebensfreude

Aus: Ders.: *Liederliches und Lyrisches*. Buchwarte-Verlag, Berlin 1940.

HANS FALLADA (1893–1947)

Familienfahrt

Aus: Ders.: *Damals bei uns daheim. Erlebtes, Erfahrenes, erfundenes. Ausgewählte Werke in Einzelausgaben*. Herausgegeben von Günter Caspar. Bd. X. Aufbau, Berlin 1983.

AUGUST HEINRICH HOFFMANN VON FALLERSLEBEN (1789–1874)

Ja, du bist mein!

Endlich hab' ich Dich gefunden.

Wenn die Lerche singt.

Aus: Ders.: *Meiner Ida. Ausgewählte Werke*. Max Hesses Verlag, Leipzig 1920.

Der Sommer

Aus: Ders.: *Das große Lesebuch*. Herausgeben von Heinz Ludwig Arnold. Fischer Taschenbuch, Frankfurt am Main 2011.

THEODOR FONTANE (1819–1898)

»Es kann die Ehre dieser Welt«

Aus: Ders.: *Die Gedichte*. Herausgegeben von Otto Drude. Insel, Frankfurt am Main und Leipzig, 2000.

Meine Kinderjahre (Auszug)

Aus: Ders.: *Werke, Schriften und Briefe*. 3. Abt.: Aufsätze, Kritiken, Erinnerungen. Bd. 4. Autobiographisches. Herausgegeben von Walter Keitel. Hanser, München 1973.

JOHANN WILHELM LUDWIG GLEIM (1719–1803)

An die Sonne

Aus: *Anakreontiker und preußisch-patriotische Lyriker*. (Deutsche National-Litteratur Bd. 45). Herausgegeben von Franz Muncker. Union Deutsche Verlagsgesellschaft, Stuttgart o. J. [1894].

JOHANN WOLFGANG GOETHE (1749–1832)

Erinnerung

Willkommen und Abschied

Aus: Ders.: *Sämtliche Werke. Briefe, Tagebücher und Gespräche*. 1. Abteilung: Sämtliche Werke. Bd. 1: Gedichte 1756–1799. Herausgegeben von Karl Eibl. Deutscher Klassiker Verlag, Frankfurt am Main 1978.

»Freudvoll und leidvoll«

Aus: Ders.: *Sämtliche Werke. Briefe, Tagebücher und Gespräche*. 1. Abteilung: Sämtliche Werke. Bd. 5: Dramen 1776–1790. Herausgegeben von Dieter Borchmeyer unter Mitarbeit von Peter Huber. Deutscher Klassiker Verlag, Frankfurt am Main 1988.

Das Beste

Aus: Ders.: *Sämtliche Werke. Briefe, Tagebücher und Gespräche*. 1. Abteilung: Sämtliche Werke. Bd. 2: Gedichte 1800–1832. Herausgegeben von Karl Eibl. Deutscher Klassiker Verlag, Frankfurt am Main 1988.

BRÜDER GRIMM JACOB GRIMM (1785–1863) UND WILHELM GRIMM (1786–1859)

Hans im Glück

Aus: Dies.: *Kinder- und Hausmärchen*. Fischer Taschenbuch Verlag, Frankfurt am Main 2008.

MAX HALBE (1865–1944)

Der Frühlingsgarten (Auszug)

Aus: Ders.: *Der Ring des Lebens*. Ullstein [o. J.].

GERHART HAUPTMANN (1862–1946)

Eislauf

Aus: Ders.: *Sämtliche Werke*. Herausgegeben von Hans-Egon Hass. Bd. 4: Lyrik und Versepik. Propyläen, Frankfurt am Main und Berlin 1964.

HEINRICH HEINE (1787–1856)

»Im wunderschönen Monat Mai«

»Ich halte ihr die Augen zu«

»Leise zieht durch mein Gemüth«

Aus: Ders.: *Sämtliche Gedichte in zeitlicher Folge*. Herausgegeben von Klaus Briegleb. Insel, Frankfurt am Main und Leipzig 1997.

»Unterm weißen Baume sitzend«

Aus: Ders.: *Neue Gedichte*. Hoffmann und Campe, Hamburg 1844.

JOHANN GOTTFRIED HERDER (1744–1803)

»Ein Traum, ein Traum ist unser Leben«

Aus: Ders.: *Sämtliche Werke. Zur schönen Literatur und Kunst*. Dritter Theil. J. G. Cotta'sche Buchhandlung, Stuttgart und Tübingen 1827.

An die Freundschaft

Aus: Ders.: *Sämtliche Werke*. Bd. I, Gedichte, Epigramme, Dramen I. Hanser, München 1960.

GEORG HEYM (1887–1912)
Ein Nachmittag
Aus: Ders.: *Dichtungen und Schriften*, Bd. 2. Ellermann, Hamburg und München 1962.

PAUL HEYSE (1830–1914)
Freunde
Aus: Ders.: *Spruchbüchlein*. Wilhelm Hertz, Berlin 1886.

E. T. A. HOFFMANN (1776–1822)
Nußknacker und Mausekönig (Auszug)
Aus: Ders.: *Die Serapionsbrüder*. Herausgegeben von Wulf Segebrecht unter Mitarbeit von Ursula Segebrecht. Deutscher Klassiker Verlag, Frankfurt am Main 2008.

HUGO VON HOFMANNSTHAL (1874–1929)
Das Glück am Weg
Aus: Ders.: *Jedes Wort ist doch auch ein Ereignis*. Ausgewählte Texte. Fischer Taschenbuch, Frankfurt am Main 2002.

IMMANUEL KANT (1724–1804)
Von der Freundschaft
Aus: *Kant's Vorlesungen*. Herausgegeben von der Akademie der Wissenschaften zu Göttingen. Bd. IV, Vorlesungen zur Moralphilosophie. Erste Hälfte. Walter de Gruyter, Berlin 1974.

ALEXANDER KAUFMANN (1817–1893)
Idyll
Aus: *Deutsche Liebeslieder*. Herausgegeben von Theodor Storm. Fischer Taschenbuch Verlag, Frankfurt am Main 2012.

GOTTFRIED KELLER (1819–1890)
Der Schmied seines Glückes
Aus: Ders.: *Sämtliche Werke in acht Bänden*. Band 6. Aufbau, Berlin 1958–1961.

HEINRICH VON KLEIST (1777–1811)
Aufsatz, den sichern Weg des Glücks zu finden, und ungestört, auch unter den größten Drangsalen des Lebens, ihn zu genießen!
Aus: Ders.: *Werke und Briefe in vier Bänden.* Band 3. Herausgegeben von Siegfried Streller. Aufbau, Berlin und Weimar 1978.

FRIEDRICH GOTTLIEB KLOPSTOCK (1724–1803)
Von der Freundschaft
Aus: Ders.: *Ausgewählte Werke.* Herausgeben von Karl August Schleiden. Hanser, München 1962.

KARL KRAUS (1874–1936)
Post festum
Aus: *Karl-Kraus-Lesebuch.* Herausgegeben von Hans Wollschläger. Suhrkamp, Frankfurt am Main 1987.

GOTTHOLD EPHRAIM LESSING (1729–1781)
Lied aus dem Spanischen
Aus: Ders.: *Werke und Briefe in zwölf Bänden.* Bd. 3: Werke 1754–1757. Herausgegeben von Conrad Wiedemann unter Mitwirkung von Wilfried Barner und Jürgen Stenzel. Deutscher Klassiker Verlag, Frankfurt am Main 2003.

NIKOLAUS LENAU (1802–1850)
Frühlingsblick
Aus: *Deutsche Liebeslieder.* Herausgegeben von Theodor Storm. Fischer Taschenbuch Verlag, Frankfurt am Main 2012.

HERMANN LÖNS (1866–1914)
Es steht die Welt in Blüte
Aus: Ders.: *Da draußen vor dem Tore. Heimatliche Naturbilder.* Sponholtz, Hannover 1923.

THOMAS MANN (1875–1955)

Buddenbrooks [10. Teil, Kapitel 3]

Aus: Ders.: *Buddenbrooks. Verfall einer Familie*. In der Fassung der Großen kommentierten Frankfurter Ausgabe. Fischer Taschenbuch, Frankfurt am Main 2008.

CHRISTIAN MORGENSTERN (1871–1914)

Glück

In: Ders.: *Sämtliche Dichtungen*. Abteilung 1, Band 3. Basel, Zbinden 1971–1973.

An den Andern

Aus: Ders.: *Wir fanden einen Pfad*. Piper, München 1942.

Winter-Idyll

Aus: Ders.: *Werke und Briefe*. Stuttgarter Ausgabe, Komm. Ausg. unter der Leitung von Reinhardt Habel. Herausgegeben von Maurice Cureau u. a. Bd. 1: Lyrik 1887–1905. Urachhaus, Stuttgart 1988.

EDUARD MÖRIKE (1804–1875)

»Frühling läßt sein blaues Band«

Aus: Ders.: *Sämtliche Werke*. Hanser, München 1967.

WILHELM MÜLLER (1794–1827)

Ungeduld

Aus: *Deutsche Liebeslieder*. Herausgegeben von Theodor Storm. Fischer Taschenbuch Verlag, Frankfurt am Main 2012.

FRIEDRICH NIETZSCHE (1844–1900)

»An der Brücke«

Aus: Ders.: *Ecce Homo. Wie man wird, was man ist*. dtv, München 2005.

NOVALIS (1772–1801)

An Adolph Selmnitz

Aus: Ders.: *Gedichte*. Reclam, Stuttgart 1997.

JEAN PAUL (1763–1825)

»Mit Sand spielen«

Aus: Ders.: *Levana oder Erziehlehre.* In: *Sämtliche Werke*, Abt. I, Bd. 5. Herausgegeben von Norbert Miller. Hanser, München 1963.

WILHELM RAABE (1831–1910)

»Das große offene Weltgeheimnis«

Aus: Ders.: *Altershausen.* In: *Sämtliche Werke* Bd. 20. Vandenhoeck & Ruprecht, Göttingen 2001.

RAINER MARIA RILKE (1875–1926)

Liebes-Lied

Du mußt das Leben nicht verstehen

Aus: Ders.: *Die Gedichte.* Insel, Frankfurt am Main 1986.

JOACHIM RINGELNATZ (HANS BÖTTICHER, 1883–1934)

Vorfreude auf Weihnachten

Aus: Ders.: *Und auf einmal steht es neben dir. Gesammelte Gedichte.* Karl H. Henssel, Berlin 1955.

Sommerfrische

Aus: Ders.: *Sämtliche Gedichte.* Diogenes, Zürich 2005.

FRIEDRICH RÜCKERT (1788–1866)

Aus dem Liebesfrühling

Aus der erotischen Blumenlese aus Dichtern verschiedener Zeiten und Völker

Aus: *Deutsche Liebeslieder.* Herausgegeben von Theodor Storm. Fischer Taschenbuch Verlag, Frankfurt am Main 2012.

FRIEDRICH SCHILLER (1759–1805)

Das Glück

Aus: Ders.: *Sämtliche Werke.* Band 1. Herausgegeben von Gerhard Fricke. Hanser, München 1962.

Das Geheimniss

Aus: *Deutsche Liebeslieder*. Herausgegeben von Theodor Storm. Fischer Taschenbuch Verlag, Frankfurt am Main 2012.

ADALBERT STIFTER (1805–1868)

Der Nachsommer

Aus: Ders.: *Gesammelte Werke in sechs Bänden*. Band 4. Herausgegeben von Michael Benedikt und Herbert Hornstein. Bertelsmann, Gütersloh 1959.

KURT TUCHOLSKY (1890–1935)

Das Ideal

Parc Monceau

Aus: Ders.: *Gedichte in einem Band*. Herausgegeben von Ute Maack und Andrea Spingler. Insel, Frankfurt am Main und Leipzig 2006.

STEFAN ZWEIG (1881–1942)

Universitas vitae (Auszug)

Aus: Ders.: *Die Welt von gestern*. Deutscher Bücherbund, Stuttgart 1981.

KAPITELÜBERSCHRIFTEN:

Tanze, wenn das Glück dir pfeift.

Glück ist willkommen, vorher wie nachher.

Freundschaft ist des Lebens Salz.

Wo man Liebe sät, da wächst Freude.

Aus: *Die deutschen Sprichwörter.* Gesammelt von Karl Simrock. Fischer Taschenbuch Verlag, Frankfurt am Main 2011.

O selig, o selig, ein Kind noch zu sein!

Aus: Arno Holz: *Werke.* Bd. 5. Luchterhand [o.J.].

Die Natur muss gefühlt werden.

Aus: *Alexander von Humboldt in einem Brief an Johann Wolfgang Goethe.* Verlag des Druckhauses Tempelhof, 1948.

Rainer Maria Rilke
Das große Lesebuch
Herausgegeben von Michael Lentz
Band 90334

Die Liebe, die Kunst, das Leben – für keinen anderen Autor des 20. Jahrhunderts ist dieser Dreiklang so charakteristisch wie für Rainer Maria Rilke. Vor allem Rilkes Idee einer »besitzlosen Liebe« und seine Sehnsucht nach einem Leben, das so offen und intensiv wie ein großes Kunstwerk ist, machen Rilke für all die Sinn- und Glückssucher unter uns bis heute interessant.

Herausgegeben und eingeleitet von Michael Lentz, bietet diese Auswahl einen Überblick über Rilkes Gesamtwerk und wirft neue Blicke auf einen der faszinierendsten Dichter der Moderne.

Das gesamte Programm von Fischer Klassik
finden Sie unter:
www.fischer-klassik.de

Fischer Taschenbuch Verlag

fi 90334 / 1